Lingerie designer life

All about Lingerie

감추어진 비밀
란제리 디자이너 라이프

목차

프롤로그　　　　　　　　7

1. Understand Uderwear

속옷의 개념　　　　　　　12
체형의 변화　　　　　　　19
사이즈 체크　　　　　　　21
브라의 이해　　　　　　　26
브라의 종류　　　　　　　38
올바른 피팅　　　　　　　45
팬티의 이해　　　　　　　50
팬티 사이즈 및 피팅 체크　51
팬티의 종류　　　　　　　52

2. Lingerie Designer

란제리 디자이너가 되려면　　66
회사 이야기_강점으로 성공하기　68
디자이너 업무 FLOW　　　　85

3. GIANNA

시작하는 마음	118
사업계획서	123
상표등록	128
브랜딩과 마케팅	129
영업은 사장님이 하는 것!	131
수영복으로 확장	134
지스튜디오 운영하기	138
스몰 브랜드를 꿈꾸는 그대에게	144

에필로그	150

프롤로그

"란제리는 아침에 제일 먼저 입는 옷이고, 밤에 제일 나중에 벗는 특별한 의상입니다. 만일 아주 터프한 청바지와 남자들이나 입을 만한 커다란 코트를 입고 있다 할지라도 속에 섹시한 란제리를 입고 있으면 남다른 만족감이 느껴질 거예요. 전 그런 느낌을 좋아합니다."
- 패션 디자이너 미우치아 프라다

디자이너 프라다의 이야기에 흐뭇한 공감의 미소가 크게 지어진다. 속옷의 중요성부터 속옷을 대하는 태도와 즐거움까지 다 담겨 있지 않은가.
속옷이라는 단어를 듣는 것만으로도 부끄럽다, 숨겨라 하고 말하는 분위기를 많이 경험한다. 사실 아무나와 공유할 수 없는 옷이라서 그만큼 소중하니까 그러려니 하고 넘겨버리곤 하는데, 란제리 디자인 하는 사람으로서 어딘가 인식이 잘못된 부분이 있다는 생각이 드는 것도 사실이다.

내 기억에 속옷이 각인되기 시작한 건 고등학교 체육 시간이었다. 체육복을 갈아입을 때 톰보이 같은 보이시한 내 친구가 레이스 가득한 브래지어를 착용하고 있었는데, 그 모습이 충격적이고 너무 예뻤다. 그때부터 나도 엄마가 사다 주는 속옷, 언니들이 물려주던 속옷에서 벗어나 스스로 속옷을 고르기 시작했다.
나의 속옷 고르는 기준은 '예쁨'이었는데 가볍고 하늘하늘거리는 레이스와 작고 귀여운 리본에 마음을 홀딱 빼앗겼던 기억이 있는 것을 보면 난 란제리 디자이너가 되는 운명이었을까.

속옷은 라이프스타일이다.
소녀가 되면서부터 입기 시작하여 할머니가 될 때까지 여자의 평생을 함께하게 되는 속옷에는 분명 공부가 필요하다. 창피하다거나 가려야 하는 옷으로 치부되는 것도 아쉽고, 잘못된 선택으로 체형을 망치지 않도록 란제리 디자이너로서 알려주고 싶은 정보도 많다. 어쩌면 자신을 아끼고 가꾸는 하나의 방법이고 여자로서 누려야 할 즐거움인데 말이다.

이 책이 속옷을 고를 때 작은 기준, 올바른 태도를 제시하는 책이 되면 좋겠다.

1. Understand underwear 파트에서는 누구나 매일 입고 있는 옷, 속옷에 대한 A to Z를 훑어보면서 경험으로 알고 있던 정보를 정리해 보면 좋겠다. 디자이너가 조곤조곤 말해주는 정보들이 새롭게 느껴질 수도 있을 것이다. 이 작은 조각이 많은 열정과 꿈이 들어있는 아름다움을 추구하는 예술이며, 동시에 매력적인 비즈니스라는 것도 알게 되면 좋겠다.

2. Lingerie Designer 파트에서는 17년간 회사생활을 먼저 경험해본 회사 선배의 이야기를 통해 공감과 위로가 되면 좋겠다. 그리고 꿈이 있는 그대들의 노력이 과정임을 알게 되면 좋겠다. 속옷 디자이너를 희망하는 누군가에게는 디자이너 업무 흐름을 살펴보면서 미리 경험해 보는 기회가 되길 바라는 마음이다.

3. GIANNA 파트에서는 개인 브랜드 런칭을 꿈꾸는 후배들이 자신의 브랜드 런칭에 앞서 철학을 세우고 비전을 그려 보기도 하며 아이디어를 얻을 수 있다면 좋겠다.

궁극적으로 란제리를 통해 살펴보 여자 이야기, 그리고 좋아하는 '내 일'에 대한 이야기, 멈추지 않고 성장하길 희망하며 노력하는 디자이너의 이야기를 넉넉한 마음으로 미소를 띠고 읽어주면 좋겠다.

전지연

1. Understand Underwear

속옷의 개념

우선 속옷의 정의를 정리해 보자.
언더웨어underwear 란제리lingerie 라고 불리는 명칭에 대해 알아보자. 표준국어대사전에서는 속옷을 "겉옷의 안쪽에 몸에 직접 닿게 입는 옷"이라고 정의한다.
두산백과사전에는 언더웨어를 기능으로 분류할 때 위생적인 것, 체형보정을 위한 것, 장식을 위한 것으로 나뉜다고 설명하고 있다.

그러면 란제리lingerie는 무엇일까?
란제리는 프랑스어 linge에서 유래된 단어로 '리넨으로 만들어진 옷'이란 말이었으며, 일반적으로 여성의 속옷류를 통칭할 때 사용된다. 또는 드레이프성이 있는 얇은 소재로 만들어진 슬립류의 제품만을 특정해서 란제리라고 부르기도 한다.

언더웨어와 란제리는 뉘앙스의 차이에 따라 불리는데, 조금 더 페미닌 무드를 가미한 브랜드라면 란제리, 캐주얼 무드가 강조되면 언더웨어라고 이해하면 좋겠다. 브랜드로 예를 들자면 비너스는 란제리, 캘빈클라인은 언더웨어라고 이해해도 무방하다.

사진: 지아나

캘빈클라인

두산백과사전의 정의에 따르면 속옷은 착용 목적과 기능에 따라 세 가지로 정리된다.

1. 체온 유지와 땀이나 분비물 흡수 등을 위한 위생적인 것

신체 보호의 언더웨어의 일차원적인 기능으로 체온을 유지하거나 땀이나 분비물의 흡수를 도와주는 속옷이다.
아이템으로는 팬티, 드로즈, 테디 등이 있다

팬티(브리프)

드로즈

웜텀(이지웨어)

이지웨어

테디

테디: 상하가 붙어있는 점프수트

2. 체형 보정을 위한 것

기능을 가미한 옷으로 있는 그대로의 신체가 아닌 이상적인 실루엣을 만들 목적으로 입는 보정 속옷이다. 파운데이션foundation이라고도 부른다.

파운데이션을 만족시키는 세 가지 조건은 support, form, fit 이다. 쉽게 말해 가슴을 볼륨 업 해주고 군살을 정리해 주거나 복부를 눌러서 배를 들어가게 해주고 허리를 잡아주어 슬림한 실루엣을 만들어주기 위한 기능이 있는 속옷이다.

아이템으로는 브라, 바디수트, 바디쉐이퍼, 거들, 웨이스트니퍼 등이 있다.

브라

바디수트

바디쉐이퍼

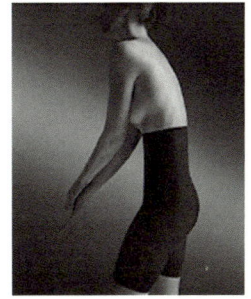
하이웨이스트거들

거들

웨이스트 니퍼

3. 장식을 위한 것

자신을 아름답게 표현하는 심미적인 목적에 초점을 둔 속옷이다. 신체적 특징을 잘 살려주어 여성스러운 무드를 돋보이게 만들어주는 아이템으로 캐미솔, 슬립, 가운, 파자마류가 이에 속한다.

슬립

캐미솔

가운

파자마

- ■ Underwear : 속옷의 통칭.
- ■ Lingerie　: 여성 속옷의 통칭 때로 드레이프되는 소재의 슬립류를 말하기도 함.

기능에 따라
● 위생적인 것: 신체 보호 및 체온 유지를 위해 입는 속옷.
팬티, 드로즈, 란쥬, 내의류

● 체형 보정을 위한 것: 파운데이션
있는 그대로가 아닌 이상적인 바디 프로포션으로 만들어주기 위해 입는 옷. support, form, fit의 특징이 있다.
브라, 거들, 바디슈트, 바디쉐이퍼, 웨이스트 니퍼

● 장식을 위한 것: 아름답게 표현하는 목적을 위한 옷.
슬립, 캐미솔, 파자마

이 정도로 정리해 두면 속옷에 대해 이해가 생겼다고 본다.

속옷의 정의와 분류를 기억해 두면 마케팅이나 셀링 포인트로 활용할 수도 있고 아이템의 기능을 보완하면서 디자인 개발에 이용할 수도 있다.
팬티는 사실 위생을 위한 속옷인데, 거들의 기능을 가미해서 배를 살짝 눌러주는 파워네트를 덧대어 준다든지 힙을 소프트하게 잡아주는 거들 팬티를 만들 수도 있다.
림프선의 압박을 줄여주는 다리 라인 밴드를 없애고 보이쇼츠 실루엣의 네모팬티, 감동팬티 등으로 네이밍하여 셀링 포인트를 줄 수도 있다.
이지웨어의 경우도 브랜드 포지션에 따라 원마일웨어 라운지웨어 홈웨어 등 다양하게 이름을 붙여 브랜드를 각인시켜 주는 등 마케팅에 활용할 수 있다.

몇 해 전 유행했던 '로브'라는 아이템도 사실 정식 명칭은 '가운'이지만 '로브'라는 네이밍을 통해 크게 히트한 바 있다.

속옷의 분류를 살펴보면서 진입하고 싶은 시장에 맞는 네이밍 작업을 해보길 추천한다.

비너스는 '파운데이션 란제리'라고 부르고 리바이스는 '바디웨어'라고 부르며 유니클로는 '라이프웨어'라고 부르는 식으로 '우리 브랜드가 진입하려는 시장과 궁극적으로 그려내는 옷은 이런 것'이라고 정의하면서 시장을 선점할 수 있다.
강점을 두고 싶은 아이템을 찾아내거나 기능적 아이템을 개발할 때도 속옷에 대한 정의와 분류가 도움이 된다.

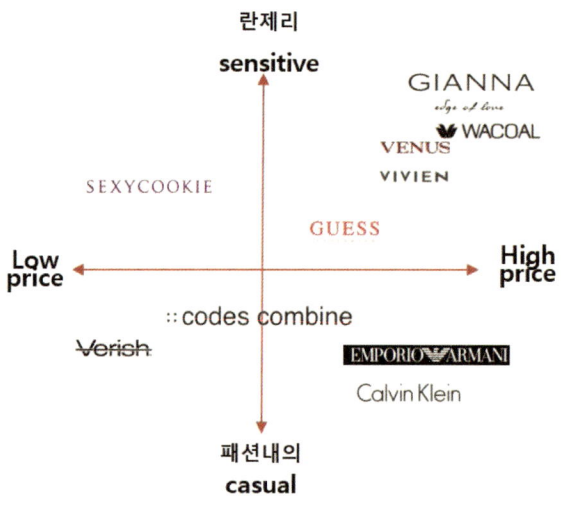

브랜드 포지셔닝

체형의 변화

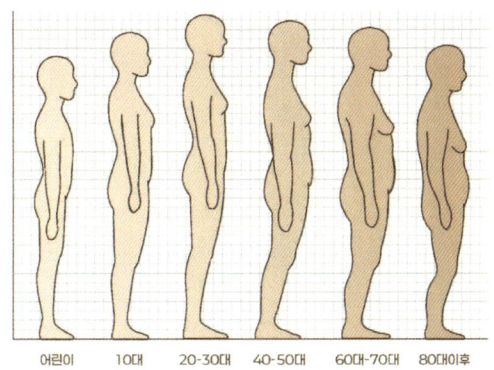

- 신장이 작아진다
- 대퇴부가 가늘어진다
- 가슴의 볼륨이 줄어든다
- 자세가 앞으로 구부정해진다.

그림 속 설명은 이러하다. 연령별로 체형이 달라지니 사이즈 체크를 통해 올바른 속옷을 착용하라.
20대에 입었던 사이즈를 주야장천 입고 있거나 출산 전의 사이즈를 그대로 입는다면?
조금 작은 것 같아 둘레만 늘려주거나 컵만 늘려 입게 되면 '불편'이 시작된다. 브래지어는 둘레와 컵의 사이즈가 동시에 연결되어 변하게 되니 컵과 둘레를 동시에 체크해야 한다.
체형은 시간의 흐름에 따라 지금도 변하고 있다. 한 번쯤은 가까운 속옷 매장에 들러 사이즈 측정 서비스를 받는 것을 추천한다.

내게 잘 맞는 사이즈 선택은 아무리 강조해도 지나침이 없다.
뿐만 아니라 나이에 따라 변하는 몸을 알고 속옷 선택도 이에 맞게 바꿔야 한다.

● 10대 브래지어를 처음 착용하는 시점부터 여자의 몸에 찾아오는 변화를 살펴보고 이게 맞게 바르게 속옷을 입어보자.
10대 성장기 소녀들에게는 가슴 발달에 맞는 속옷 착용이 필수이다. 강하게 압박되어 성장을 방해하지 않도록 발달에 맞는 속옷을 입어야 한다. 내 아이에게 잘 맞는 속옷을 추천하고 알려줄 수 있는 엄마들이 많아졌으면 한다.

● 20대 젊음과 탄력적인 바디라인으로 무엇을 입어도 예쁜 시기인데 속옷 입는 즐거움을 알아 가면 좋겠다.

● 30대~40대 라이프스타일의 변화로 운동과 자기관리를 철저하게 하는 여성들이 많아 단순히 연령으로 말할 수 없는 요즘이다.
연령보다는 출산 여부가 더 중요한 터닝 포인트가 된다. 임신 주수에 맞는 브래지어 착용이 너무 중요하다. 임신 후 유선의 발달로 예민해지고 평균적으로 두 컵 정도 증가하게 된다.
출산 후 수유 시기를 지나 달라진 체형 정리를 할 수 있도록 반드시 보정속옷의 도움을 받길 권장한다.

● 50대 꽉 조이는 속옷보다는 편안한 속옷이 적절하지만 편안함만 추구해서 느슨한 속옷으로 체형을 흐트러트리지 않길 바란다.

● 60대 70대 기능적 소재에 주안점을 두어 편안하고 내 몸을 잘 이해하는 속옷을 입는 것이 적절하다.

사이즈 체크

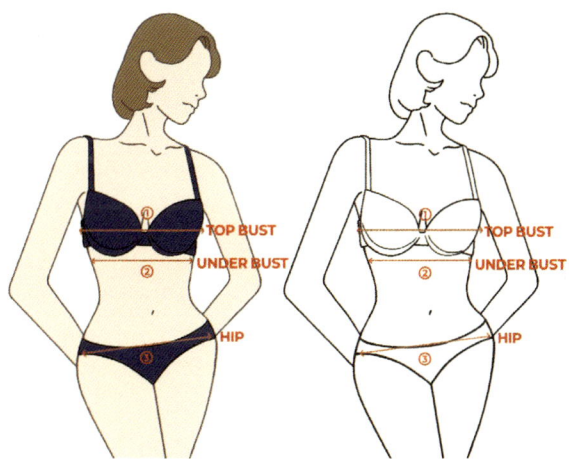

준비물: 줄자

브래지어와 팬티 사이즈를 찾기 위해 직접 바디 사이즈를 측정해 보자. 측정해야 할 곳은 세 군데다.
탑바스트, 언더바스트, 힙둘레

① 탑바스트 측정: 가슴의 가장 높은 부분인 바스트 포인트를 지나도록 수평하게, 유두가 눌리지 않게 줄자로 재어둔다.
가슴이 커서 유두가 심하게 벌어져 있을 경우 엄지로 살짝 받쳐서 측정하기도 한다. 가슴이 처져 있을 경우 허리를 숙인 채로 줄자가 바스트 포인트를 지나도록 측정한다.

② 언더바스트 측정: 너무 조이지 않고 느슨하지도 않게 측정한다. 줄자가 수평이 되도록 한다.

③ 힙둘레 측정: 엉덩이의 가장 두꺼운 부분을 줄자로 수평하게 측정한다. 팬티사이즈는 허리둘레가 아닌 힙둘레로 결정된다.

아래의 공식으로 컵 사이즈를 찾아보자.

편차 Top Bust - Under Bust = _____ cm

여기서 나온 편차로 컵 사이즈가 결정된다.

예를 들어 줄자로 측정한 결과
① 탑바스트 85.5cm
② 언더바스트 73cm
③ 힙둘레 96cm이면
85.5cm - 73cm = 12.5cm이므로 B컵이다.

위 치수의 사이즈는 브래지어 75B / 팬티 95

• 브래지어 사이즈측정하기

1. TOP BUST

정면을 바라본 상태에서 BP가 지나가는 지점을 수평으로 측정합니다.
BP가 아래로 향하 있거나 처진상태의 경우는 가볍게 받쳐 올려 가장 볼륨이 있는 부분을 측정

2. UNDER BUST

두발로 선 상태에서 가슴바로 밑 표으로 띠가 지나가는 지점을 수평으로 측정합니다.

75 B

UNDER BUST 편차
(밑가슴둘레)

1번-2번=CUP size

편차		
7.5cm내외인경우	AA컵
10cm	A컵
12.5cm	B컵
15cm	C컵
17.5cm	D컵

SIZE	편차	UNDER BUST	TOP BUST
70A	10cm 내외	70cm	80cm
75A		75cm	85cm
80A		80cm	90cm
85A		85cm	95cm
70B	12.5cm 내외	70cm	82.5cm
75B		75cm	87.5cm
80B		80cm	92.5cm
85B		85cm	97.5cm
70C	15cm 내외	70cm	85cm
75C		75cm	90cm
80C		80cm	95cm
85C		85cm	100cm

측정방법에 따라 오차가 있을 수 있습니다 (cm)

위 방법대로 사이즈를 측정해서 브래지어, 팬티 사이즈를 찾고 피팅해 보면서 체형상으로도 맞는지 체크하고 잘 맞는 언더웨어를 찾기를 권장한다.
우리 모두 경험상으로 저 공식이 딱 맞지 않는 경우가 많다는 것을 알기에 얽매일 필요는 없지만 알고 있으면 좋을 정보이다.

나이와 평소의 피팅 습관, 체형, 출산의 여부 등 여러 가지 요인이 작용하기 때문에 딱 맞는 내 사이즈 찾는 것은 저 공식만으로는 부족하다. 참고하되 맹신할 필요는 없지만 무시하진 말자.

흰 셔츠를 고를 때 많을 것을 고려한다. 어깨선, 칼라 크기, 단추, 소맷단, 로고 위치 등 많은 것을 체크하고 사게 된다.
청바지를 고를 때는 더 꼼꼼해지는데, 나의 체형에 잘 맞는 청바지는 어떤 것인지 스스로 알고 있지 않은가.
브래지어, 언더웨어도 마찬가지다. 내게 잘 맞는 속옷을 찾기 위해서는 나의 체형을 잘 이해하고 입어보면서 찾아내는 노력이 필요하다.

내 몸에 직접 닿게 입는 옷,
제일 먼저 입고 제일 나중에 벗는 옷, 참으로 소중하다.
나를 아껴주는 방법으로서 바른 식습관을 갖고 침대를 정리하는 것처럼 내 몸에 잘 맞는 언더웨어를 입어보자.

브라의 이해

브라는 파운데이션이다. 즉 체형 보정을 위해 입는 기능이 있는 속옷류라는 말인데, support, form, fit의 세 가지 요건을 갖는다.
브라는 착용할 때 예쁜 실루엣과 편안한 핏감을 위해 설계되는데, 유두의 위치를 기준으로 제도하게 된다.

예쁜 실루엣의 가슴 기준은 시대에 따라 유행에 따라 달라지기 마련이다.

밀레니얼 패션이 유행하던 2000년대 초반에는 이른바 쫄티, 상체에 달라붙게 입는 스타일이 대유행이었다. 그렇다 보니 브래지어는 볼륨 업 시켜주는 기능이 무엇보다 중요했다. 달라붙는 티셔츠에 속옷 자국이 드러나지 않게 가볍게 밀착되면서 볼륨 업이 되는가에 주안을 두어서 설계되고 만들어졌다.
2010년대 후반부터 사회가 규정한 미의 기준을 따라야 한다는 압박에서 벗어나 개인의 체형과 취향을 있는 그대로 사랑하자는 '자기 몸 긍정주의'body positive가 확산되었다. 자기 몸 긍정주의 열풍으로 빅토리아 시크릿의 매출이 극감했고, 급기야 매년 크게 회자되던 빅토리아 시크릿 패션쇼는 2018년도에 중단되기도 했다. 이런 흐름으로 인해 볼륨 업을 말하는 것이 시대에 뒤떨어지고 여자를 코르셋에 가두는 듯하다는 부정적인 인식마저 생겼다.
이처럼 시대에 따라 미의 기준은 달라지고, 패션의 트렌드와 겉옷 실루엣에도 영향을 받는다.

그렇다 하더라도 사실 예쁜 가슴에 있어 표준은 있다. 이상적인 가슴을 말할 때 중요하게 여기는 것은 유두의 위치와 간격이다.
이상적인 가슴은 분명히 존재한다.

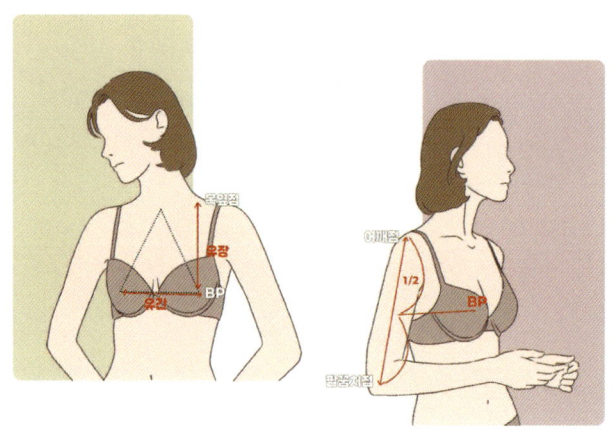

유간 : BP사이의 거리   유장: BP와 목옆 점의 기장

이상적인 가슴! BP 위치를 체크해 보자
• 바스트 포인트의 간격인 유간과 목앞점을 연결하여 정삼각형이 되었을 때(왼쪽 그림)
• 어깨점과 팔꿈치 점의 가운데 위치에 바스트 포인트가 위치하고 있을 때 처짐이 없는 가슴이라고 기준을 둔다. (오른쪽 그림)

보정의 기능을 위해 입는 파운데이션 브래지어는 바스트 포인트가 이 위치에 있을 수 있도록 이를 의식하여 설계된다.

브라 각 부위 명칭

브래지어의 원부자재를 살펴보면 그림과 같다.

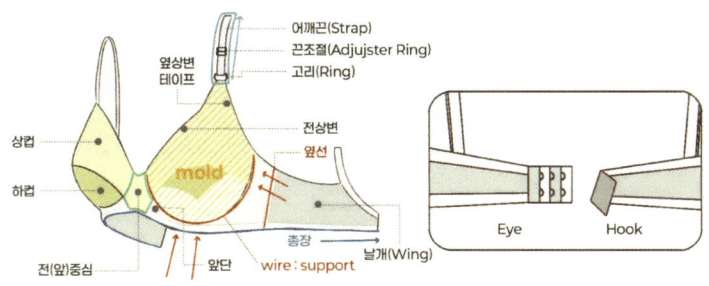

파운데이션의 기능! 세 가지 요건을 기억해 보자!
support / fit / form
가슴을 잘 잡아주고(support) 이상적 모양을 유지시켜 주고(form) 잘 맞게(fit) 입을 수 있도록 설계된다.

브래지어를 분해해 보면 평균적으로 11개 정도의 원부자재를 사용한다.

엘라스틱 밴드: 스트랩 밴드(어깨끈), 바인딩(상·하변 밴드)
바이어스 테이프: 와이어루프 , 샤 바이어스, 당목 바이어스, 본 바이어스
플라스틱본, 와이어, 훅앤아이 , 어저스터(조절 고리) , 몰드 컵, 부직포 컵, 리본, 봉제사, 라벨, 원단, 레이스, 파워네트 등

사용하는 원부자재의 목적은 한 가지로 모아지는데, 보정을 위함이다.
가슴을 부드럽게 잘 감싸주는 컵,
탄력이 좋으면서 부드러워 밀착력이 뛰어나고 힘 있게 가슴을 들어 올릴 수 있는 어깨끈, 엘라스틱 밴드,
가슴을 잘 받쳐주되 아프지 않고 형태를 잘 유지시켜 주는 와이어,
원부자재 하나하나가 이런 의미와 목적을 가지고 개발되고 만들어진다.

브래지어에서 가장 중요한 부분, 컵

자연스럽고 예쁜 컵 모양이 중요하다. 디자이너의 실력은 얼마나 상하컵 패턴을 잘 뜨는가에 달려있다고 해도 과언이 아니다. 평면의 도톰하고 힘 있는 자재를 뾰족하지 않게 몸통 중앙 안쪽으로 모아주도록 하여 자연스러운 볼륨을 만들어 주어야 하기 때문이다.

● 상하 패턴 메이킹으로 모양을 만드는 컵을 '비몰드'라고 한다.
보통 부직포 소재로 만들어지며 다양한 두께와 타입(소프트 또는 하드)이 있다.

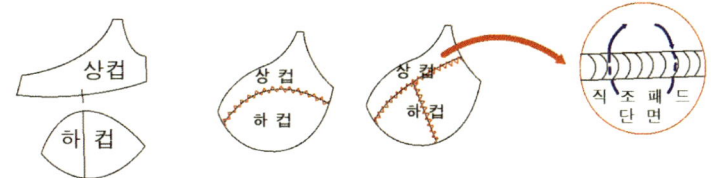

펠트 소재인 부직포의 형태 안정성과 통기성을 보완하기 위해 더블라셀 소재의 파일이 있는 직조패드를 사용하기도 한다.

● 스폰지를 일정한 모양으로 압력을 가해 만든 몰드mold 컵

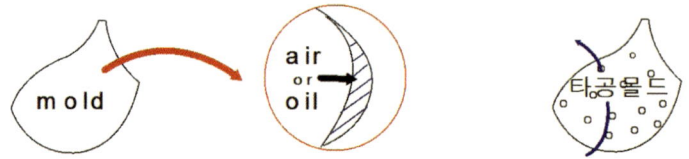

가슴을 부드럽게 감싸주며 자연스러운 볼륨 업을 만들어준다. 폴리우레탄 재질로 된 스폰지를 가장 많이 사용한다. 매끈하고 부드러워 볼륨감을 높여주는 푸시업 브라에 많이 사용하고 몰드 두께를 다양하게 만들 수 있다는 장점이 있다. 회복성과 신축성이 좋다는 장점이 있지만 황변과 통기성이 취약하다는 단점도 있다.

다양한 몰드 컵의 개발
- 말캉하고 쫀득한 재질의 메모리컵: 메모리라는 단어의 뜻대로 기억하는 것인데, 체온 36.5도에 가장 말랑한 소프트함을 유지하는 스폰지 자재이다.
- 몰드 사이에 에어를 넣거나 실리콘 또는 오일을 넣어 볼륨 업 시켜주는 몰드
- 여름에 땀이 나는 가슴에 통기성을 부여하기 위해 스폰지에 구멍을 뚫어 놓은 타공 몰드

원부자재 개발에는 끝이 없다.

와이어

가슴을 잘 받쳐주는 기능의 자재로, 와이어는 매우 중요하다.
이처럼 가슴을 완벽하게 잘 잡아주는 자재는 드문데, 단점이 있다면 철 소재로 만들어지기 때문에 잘못 착용할 경우 통증을 유발할 수 있고, 이로 인해 거부감이 들 수 있다는 것이다.

와이어는 철 소재에 코팅을 해서 부드럽게 만들어주는데,
강도에 따라 소프트/미디엄/하드 타입으로 세분화되어 있다.

치명적인 단점을 보완하고자 연구 개발은 끊임없이 이뤄진다.
살에 닿는 면적을 적게 하면서 아픔을 보완하려고 단면을 연구하기도 한다.

와이어의 단면
와이어 단면을 둥글게, 더 납작하게, 사다리꼴 모양으로 변형해 본다.

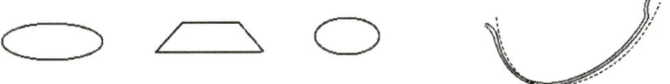

마지막 그림처럼 와이어 앞과 끝을 살짝 들어서 몸에 닿지 않게 만들기도 한다.

와이어도 좌우가 있다는 사실을 아는가! 와이어 끝을 잡고 텐션을 주면 한 방향으로 쏠리는데, 가슴에 잘 밀착되도록 만들어져 있다.

와이어 중에서도 가장 비싸고 좋은 자재는 메모리 와이어! 메모리 자재의 특징은 36.5도 체온을 기억한다는 것이다. 이 온도를 만나면 일정한 모양을 기억한다. 형상기억합금이라고도 한다.

각각의 원부자재는 가슴의 아름다운 모양을 만들어주되 아프지 않고 압박되지 않게 설계되고 개발된다.
란제리 박람회에 가면 이런 새로운 기술이 적용된 원부자재를 만날 수 있다.

브라의 날개

날개의 모양에 따라 일자 날개, U자 날개가 있다.
U자 날개가 기능적으로 안정감 있고 편안하다. 날개의 모양과 두께에 따라 디자인에 응용할 수 있다.

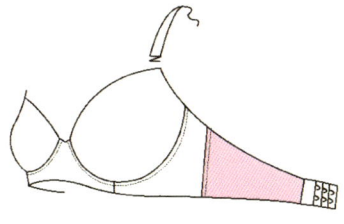

일자 날개

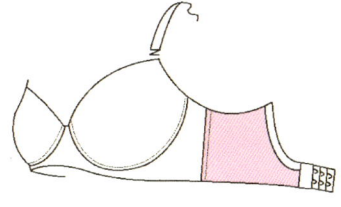

U자 날개

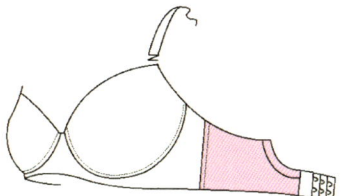

브라의 Hook Eye

브래지어 여밈의 방법으로 사용되는 자재이다.
크기(mm)가 다양하다.

Hook & Eyes (H&E)

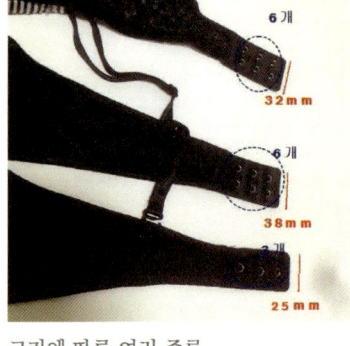

크기에 따른 여러 종류

브래지어 총장과 추총장

총 장: 직관적으로 알 수 있듯이 브래지어의 총길이
추총장: 500g 추를 매달아 1분 경과 후 늘어난 길이를 측정하는 것이 추총장이다.

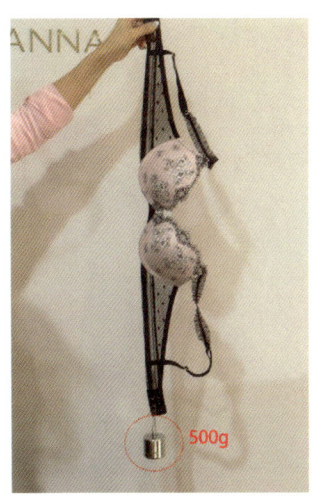 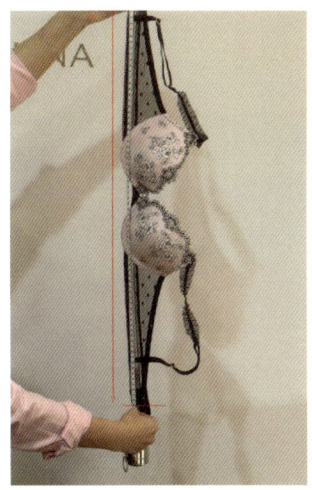

같은 사이즈라도 길이 차이가 나는 것은 추총장 때문인데 일정하게 늘어나는 길이를 기준으로 날개 길이가 결정된다.
원단이 잘 늘어나는 원단이면 날개 길이는 짧아지고, 하드한 타입의 기능성 원단이면 날개 길이가 길어진다.
추총장 기준으로 설계되므로 같은 사이즈라도 날개 길이는 달라질 수 있다. 가끔 같은 사이즈인데 길이 차이가 난다며 불량 문의가 올 때가 있는데, 브래지어의 길이는 원단 텐션에 따라 다르다는 점을 기억하자.

브라의 종류

● 가슴을 감싸는 정도에 따라 1/2컵, 3/4컵, 풀컵

브라는 분류하는 기준에 따라 다양하게 나뉠 수 있다.

1/2컵

3/4컵

full컵

● 와이어의 유무에 따라, 와이어 브라 / 노와이어 브라

와이어 브라

노와이어 브라

다양한 노와이어

상하컵 노와이어

스포츠 브라

퓨징 브라

런닝형 노와이어

브라렛

심리스브라

풀사이드 스트레치

몰드컵 노와이어

와이어 대신한 실리콘 패널

딱딱하고 불편한 와이어 대신 베리시만의 기술력을 담은
3단 실리콘 패널이 가슴을 서포트합니다.

와이어를 대체할 자재 개발은
주요 셀링 포인트가 된다.

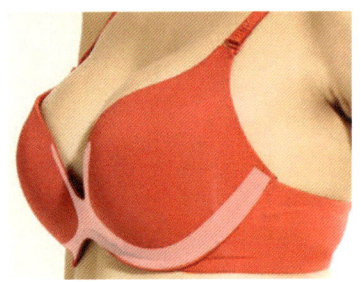

나는 주로 와이어 브래지어를 입는 편인데, 출산 후 와이어프리를 선언했다가 처참한 결과를 경험하고 다시 챙겨 입은 경험이 있다. 브래지어는 억지로 꽉 여미어 입는 것이 아니라 부드럽게 잘 밀착시켜주는 것이 포인트임을 알아두기 바란다.

좋은 원단, 좋은 밴드, 이를 잘 이해한 패턴 메이킹이 필수다.

노와이어의 종류_브라렛

브라렛이란 삼각형 실루엣의 레이시한 스타일의 브래지어를 말한다. 작은 가슴의 사이즈는 와이어 브래지어를 입을 때 컵상변도 들뜨고 티셔츠가 끼게 되는 등 오히려 볼륨 업이 되지 않고 실루엣을 망칠 수 있다. 이럴 때 오히려 자연스럽고 더 예쁜 실루엣의 브라렛을 추천한다. 어색한 와이어 브라보다 내추럴한 핏과 생각보다 괜찮다고 느껴지는 볼륨감을 느낄 수 있다. 여성스런 무드도 함께 즐겨보면 좋겠다.

노와이어 종류_스포츠 브라

스포츠 브라의 경우 움직임의 강도에 따라 선택해야 한다.
가슴을 지지해주는 쿠퍼 인대는 늘어나거나 끊어지는 손상을 입으면 복구되지 않기 때문에 흔들리지 않게 잘 잡아주는 브래지어 착용이 필수다.
운동할 때 가슴은 팔자 모양으로 심하게 흔들리게 된다. 이때 억제되지 않은 가슴의 움직임은 유방의 연약한 조직과 인대에 과도한 압력을 주게 되어 쿠퍼 인대의 영구적인 손상을 유발한다.
브라를 착용하지 않은 채로 달릴 경우 여성의 가슴은 연속적으로 튀기는 공과 같은 압력을 받게 된다고 한다.
러닝 시 여성의 유방은 몸과 따로 독립적으로 움직이게 되어 한 걸음 뛸 때마다 평균 9센티미터 움직이게 된다. 이로 인해 치명적인 쿠퍼 인대 손상을 입게 된다.

스포츠의 강도에 맞게 신발을 갖춰 신는 것처럼 가슴에도 신경을 써주어 움직임에 맞는 브래지어 착용을 하기 바란다.

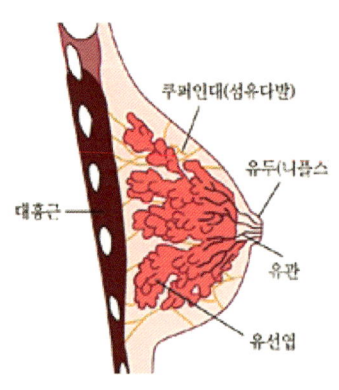

올바른 피팅

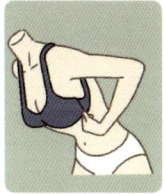
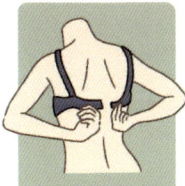

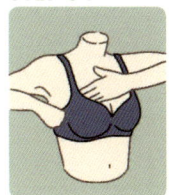
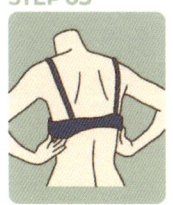

브래지어 피팅 순서

Step 1. 숙여서 브래지어를 착용한다.
끈을 어깨에 걸고 브래지어의 하변을 쥐고 몸을 크게 앞으로 굽히면서 가슴을 컵에 맞춘다. 선 채로 착용하면 가슴이 내려간 상태가 되어 브래지어 착장이 불안정해진다.

Step 2. 그대로 훅을 잠근다.
훅을 잠근다. 1번 그대로의 자세에서 손을 올려 훅을 잠그고, 브래지어 언더의 피트감에 따라 훅을 조절한다.

Step 3. 끈을 정리한다.
상체를 앞으로 숙인 채로 끈을 조절하면서 가슴을 컵에 담는다.
유장(바스트포인트에서 목옆점의 길이)이 사람마다 다르므로 어깨끈 길이를 조절해 보자.

Step 4. 삐져나온 살을 모은다.
상체를 일으켜 컵 밖으로 삐져나간 살을 모은다. 왼손으로 컵 끝을 누르고 오른손으로 옆의 살, 위의 살을 끌어 올리는 요령으로 가슴을 컵 안에 수용한다.

Step 5. 끈을 조정하고 사이즈를 점검한다.
컵 끝을 잘 누르고 유두가 컵의 가장 높은 부분에 와 있도록 조정한다. 어깨끈이 느슨하지 않게 또는 과하게 조여지지 않게 길이를 조절한다. 날개 라인이 수평이 되는지 확인한다.

디자이너로서 조언을 하자면

- 입고 나서 컵에 가슴을 쓸어 담는 습관을 가져 보자. 겨드랑이 부위 마사지도 함께 하면 더 좋은데, 이런 작은 습관으로 부유방이 생기는 것을 방지할 수 있다. 소녀에서 할머니가 될 때까지 매일 입을 언더웨어라는 점을 기억하면서 이 작은 뷰티 습관이 얼마나 큰 결과를 가져올지 생각해 보자.
- 사람마다 유장의 길이가 다르므로 어깨끈 길이 조절을 잊지 말자. 간단한 조절로 꽤나 다른 피팅 결과가 나온다.
- 컵 사이즈에 보다 둘레를 더 예민하게 맞춰서 입을 것! 둘레가 맞지 않으면 어떤 컵도 맞을 수가 없다. 답답함이 싫어 둘레를 크게 입으면 브라가 딸려 올라간다. 움직일 때마다 브라도 함께 움직여서 불편해진다. 너무 꽉 조여 입어도 컵이 눌리게 되니 밑가슴 둘레를 먼저 체크해보도록!

피팅 체크

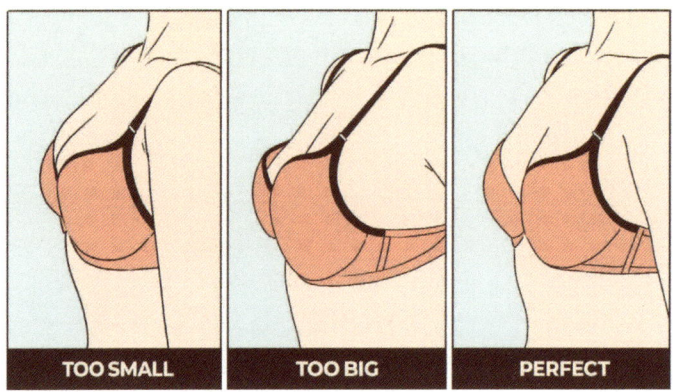

- 등의 날개는 일자가 되게 입는다. 딸려 올라가거나 조이지 않게
- 브래지어 앞중심이 들뜨지 않게
- 컵상변이 눌리거나 들뜨지 않게
- 어깨끈 길이를 잘 맞게 조절하는 것 잊지 말기

팬티의 이해

각 부위 명칭

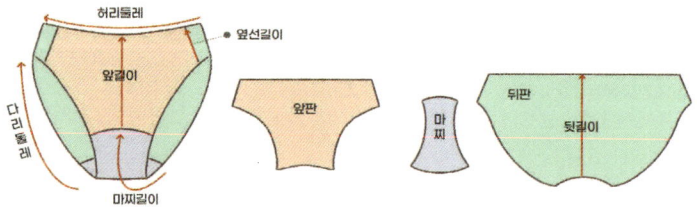

팬티 사이즈 및 피팅 체크

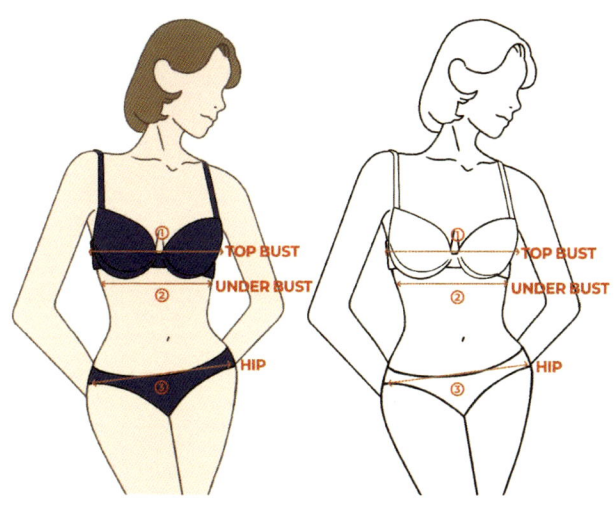

size	90 S	95 M	100 L
힙둘레	86-94	91-99	96-104

③ 힙둘레의 가장 두꺼운 부분을 수평으로 측정한다.

팬티의 종류

● 앞중심 높이에 따라

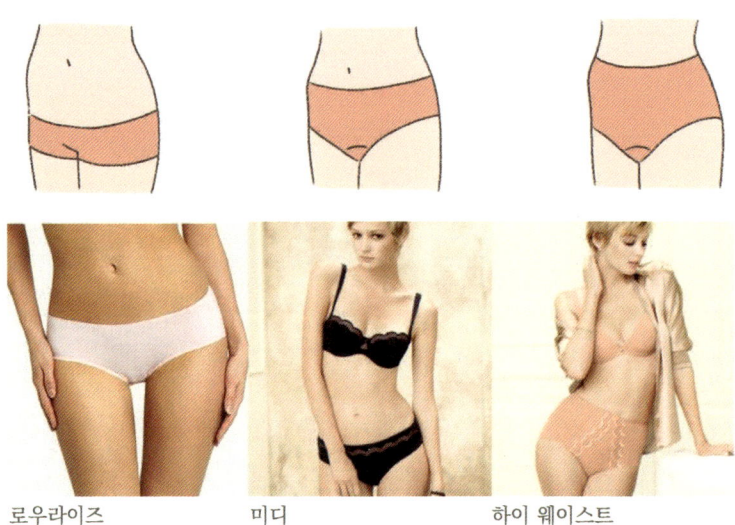

로우라이즈   미디   하이 웨이스트

언더웨어는 겉옷의 실루엣에 밀접한 영향을 받는다.
밑위길이가 짧은 청바지가 유행하면 팬티도 낮은 라인이 유행하게 되고, 하이 웨이스트 팬츠나 하이 웨이스트 스커트가 유행하게 되면 언더웨어 역시 허리선이 높아진다.

● 옆선 길이에 따라

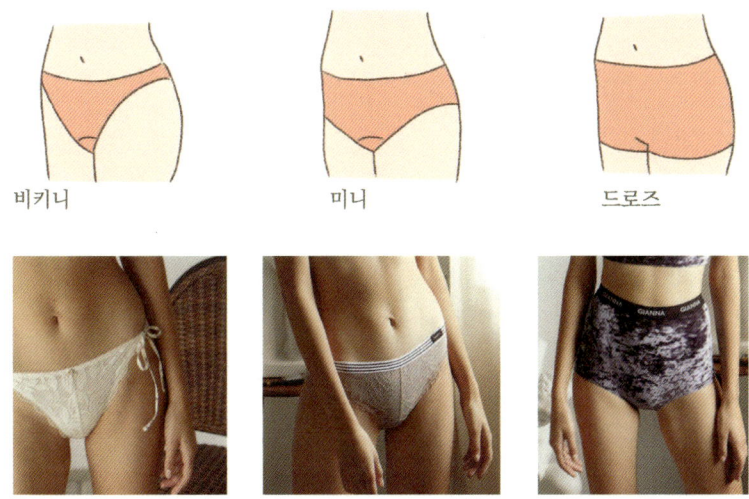

비키니　　　　　미니　　　　　드로즈

옆선길이를 비교해서 살펴보면 다리 길이가 길어 보이는 비키니 스타일, 옆선이 긴 박시한 스타일로 생각해 볼 수 있다.
헬시한 몸을 가꾸고 운동을 통해 근육을 보여주는 바디 프로필이 유행하게 되면서 팬티 역시 하이레그 스타일로 골반과 장골이 잘 드러나게 입는 팬티가 유행한다.

● 힙을 감싸는 정도에 따라

 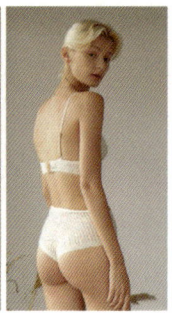 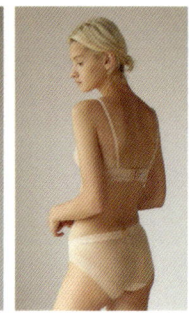 

T-back 스타일의 thong이라고 불리는 팬티에서부터 힙을 충분히 잘 감싸주는 라인까지 힙을 감싸는 기준으로 분류해 보면 사진과 같다.

해외에서 사 오는 팬티가 착용 시 어색한 이유는 힙을 감싸는 핏에 대한 선호도가 다르기 때문이다.
우리나라 여성들은 힙을 충분히 감싸는 스타일을 선호하는 편이었다. 요즘은 확실히 팬티 힙라인이 다양해지고 다양한 핏을 즐기고 있다. 이 또한 잘 가꿔진 힙 근육 덕분인 것 같다.

헴팬티

겉옷으로 팬티 자국이 드러나는 것을 방지하기 위해 헴라인 팬티를 입게 되는데, 외국 사람들에게는 이해할 수 없는 일이었나 보다. 과거 회사 디자이너 시절, 프랑스 라이선스 브랜드 엘르에 다닐 때 일이다. 브랜드 수석 디렉터에게 디자인 컨펌을 받게 되었는데, 수석 디렉터가 가장 이해할 수 없는 아이템으로 헴팬티를 꼽았다. 어색하게 절개된 라인이며 컬러감도 동떨어지는 소재를 힙에 사용하는 것을 얼마나 질색하던지…. 디렉터의 취향과는 상관없이 헴팬티가 시장에서 월등히 반응이 좋다 보니 어쩔 수 없이 컨펌하던 일화가 생각난다.

심리스_퓨징 팬티

요즘의 팬티 트렌드를 살펴보면 퓨징 스타일로 자극이 없고 소프트하게 밀착되어 안 입은 듯한 팬티를 선호한다.

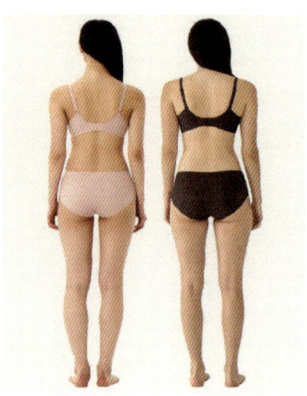

퓨징이란 허리 다리 사이의 늘어나야 하는 부분에 밴드 봉제 없이 얇은 접착 테이프를 원단 사이에 넣고 열을 가하는 방식을 말한다.

2000년 초반 신영와코루 근무 당시 퓨징 언더웨어가 개발되기 시작했는데, 해외 박람회에서 아이디어를 얻어 제품을 개발한 팀이 사내 인센티브를 크게 받았던 일이 기억난다. 신소재와 테크닉에 대한 관심과 연구 개발은 디자이너에게 꼭 필요한 부분이다.

운동하는 사람들이 늘어난 요즘은 레깅스 위로 팬티 자국이 드러나지 않는 것, 와이 존이 부각되지 않는 팬티, 자극 없는 팬티를 선호한다. 엉덩이 근육에 대해 운동의 노력을 인정해 주는 분위기이다 보니 팬티 사이즈에도 변화가 느껴지는데, 과거에는 가장 작은 사이즈인 90(S) 사이즈를 가장 많이 생산했다면 요즘은 95(M) 사이즈의 비중이 훨씬 증가했다.

팬티는 란제리의 분류에서 본 것과 같이 위생적 속옷이다. 위생적으로 분비물과 땀 흡수를 잘 해주어야 하는데, 특히 마찌 부분은 화섬계 소재가 아닌 면소재를 사용해서 분비물을 잘 흡수하고 위생적으로 착용할 수 있도록 한다.

임신을 하여 분비물이 많아지는 시기에 입는 임부용 팬티의 마찌에는 면 소재의 부족한 흡수력을 보완하기 위해서 타월지를 사용하기도 한다.

생리 중에 입는 위생팬티의 경우 방수 소재를 엉덩이 부분에 덧대어 생리혈이 묻어나지 않도록 한다. 요즘은 흡수력이 뛰어난 소재를 겹겹이 대어 생리대 없이 입는 위생팬티도 등장했다.

이처럼 팬티는 실용적이고 생활의 흐름과 밀접하게 연관되어 있다. 가끔 SNS를 보면 팬티를 입고 순환이 좋아져 결국 힙업이 된다는 과장된 광고를 보기도 하는데, 그런 마법 팬티는 없으니 현혹되지 말자.

순환에 방해가 되는 팬티는 좋지 않다.
특히 서혜부에 자극이 되지 않도록 잘 맞는 사이즈를 꼭 입어야 한다. 자극이 반복되면 순환이 되지 않아 팬티 라인을 따라 착색되는 경우도 있다. 힙둘레 사이즈를 측정해 보고 내게 잘 맞는 사이즈의 팬티를 착용하면 과하게 조이거나 압박될 일이 없다.

엉덩이 유형

아래 그림과 같이 정리해 볼 수 있다.

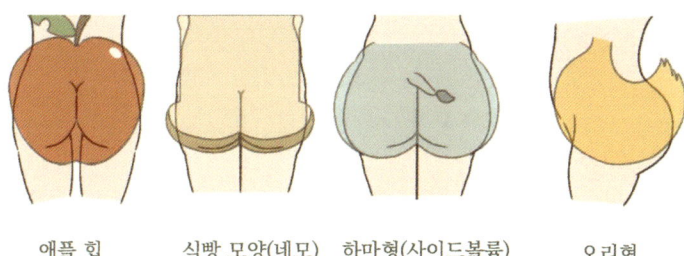

애플 힙   식빵 모양(네모)   하마형(사이드볼륨)   오리형

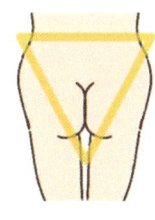

역삼각형

이상적인 엉덩이 모양으로 애플 힙 타입이 있다. 이러한 모양을 목표로 엉덩이 근육을 발달시키고 바디를 디자인하며 운동하게 된다. 식빵 모양인 스퀘어형은 엉덩이와 허리선이 직선으로 이어져 있어 네모 모양으로 보인다. 장시간 의자에 앉아 있는 사람에게 많이 보이며, 근육과 살이 쳐지는 현상으로 점점 스퀘어 형태를 갖게 된다. 하마형, 하트 모양은 허벅지 위주로 지방이 축적되는 경우 옆으로 엉덩이 하부에 볼륨이 몰려있는 형태이다. 킴 카다시안의 라인을 떠올려보면 이해가 빠르다.

오리형의 경우 하이힐이나 척추 측만으로 골격이 변화되어 생기는 유형이다.
V형은 노화에 따라 엉덩이 볼륨이 감소되어 나타나고, 오히려 허리 부분에 지방이 축적되어 생기는 모양이다.

회사를 다니던 시절 엉덩이의 분류를 정리한 이후 유형에 맞는 속옷을 제안한 적이 있다. 속옷으로만 마법처럼 드라마틱한 실루엣을 가져올 수는 없다. 땀 흘리는 운동과 적절한 음식물 섭취 등의 노력이 필요하지만 속옷 디자이너로서 약간의 팁을 준다면,

애플 힙, 라운드형의 경우 어떤 실루엣을 입어도 상관없다. 엉덩이의 볼륨이 가장 높은 부분에 라인이 지나가는 힙스터 스타일, 힙에 중간 지점에 라인이 걸쳐지는 라인을 입으면 힙이 더 볼륨 있고 예뻐 보인다는 팁을 주고 싶다.

식빵형, 스퀘어형의 엉덩이에는 하이 웨이스트 스타일을 입어서 허리 부분까지 잘 감싸주는 핏으로 입어보길 권한다.

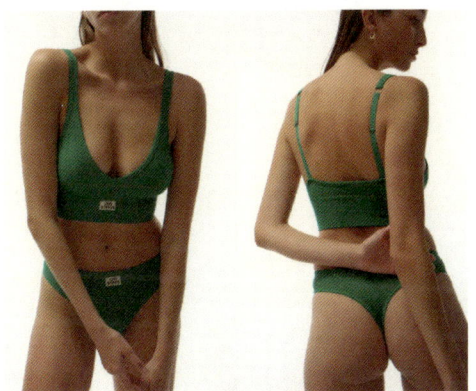

사이드에 볼륨이 발달한 하마형의 경우 심리스 스타일 또는 다리 부분에 레이스를 매치하여 자극을 주지 않는 스타일을 입거나, 오히려 thong 스타일을 입는 것도 방법이 될 수 있다.

V셰이프의 경우 힙 아래에 근육이 많이 없는 경우이다 보니 힙의 아랫부분까지 잘 감싸주는 드로즈 스타일의 팬티가 도움이 된다.

팬티는 체형 보정을 위해 입는 파운데이션이 아님을 기억해 보자. 먼저 잘 맞는 사이즈를 선택하고 바디 유형에 맞게 자극이 되지 않게 힙을 잘 감싸주는 스타일을 찾아보자.

언더웨어는 라이프스타일이다.
생각보다 훨씬 많은 종류의 언더웨어가 있다.
브래지어의 종류도 이렇게나 다양하고 이 작은 속옷 안에 원부자재가 이렇게나 많이 들어가는지는 몰랐을 것이다.
사이즈 체크는 아무리 강조해도 지나침이 없다.
연령이 달라짐에 따른 체형의 변화를 인지하고 선택하자.
다양해진 라이프스타일에 맞는 속옷을 선택해 보자.

나를 아끼고 소중히 여기는 만큼 TPO에 맞는 속옷을 선택하면서 입는 즐거움을 만끽하면 좋겠다.

2. Lingerie Designer

란제리 디자이너가 되려면

"란제리 디자이너가 되려면 어떻게 해야 하나요?"

패션학과에 진학해서 디자인 관련 전공을 선택하는 것이 가장 유리하다. 란제리학과는 없지만 패션의상디자인, 의류학과 등 의복 디자인과 관련된 학위를 이수하고 란제리 회사에 입사하는 길이 가장 보편적이다. 미술이나 섬유 계열, 예술대학 계열의 학위도 상관없다. 회사에 입사해서 브래지어, 팬티 등의 실무 패턴을 배우게 된다.
그렇다고 회사에 입사하는 것만 정답일 리는 없다. 사설 기관에서 배워 패턴을 익히고 입사를 하거나 창업하는 것도 방법이다. 실제로 회사에서 신입 디자이너나 인턴을 모집할 때 지스튜디오 수강생 중 추천을 해달라고 하기도 한다. 입사해서 패턴을 배우는 것이 당연했는데, 조금이라도 먼저 배운 신입 디자이너를 채용하면 교육 시간을 줄일 수 있다고 생각하는 듯하다.
신발이나 가방의 경우 밀라노로 유학을 가는 경우도 봤는데, 란제리의 경우 딱히 해외 유명한 학교가 있지는 않다. 해외 학교에서 패션을 전공하고 인턴십으로 란제리 계열 회사의 경험을 쌓은 뒤 이를 바탕으로 란제리 디자이너가 되는 경우도 있다.

어디서 공부할 것인가, 어떤 회사에 입사할 것인가 하는 것보다 근본적인 질문을 해볼 필요가 있는데, 란제리 디자이너가 되려는 목적을 먼저 정리해보자. 이 아름다운 아이템에 마음을 빼앗긴 계기가 있는지, 또는 나만의 브랜드를 갖고 싶다면 왜 란제리여야 하는지를 먼저 정리해 볼 것.
그 후에 길이 조금씩 보일수도 있지 않을까. 뜻이 있는 곳에 길이 있고 내가 가는 곳이 길이 된다. 이런 정신!

회사 이야기_강점으로 성공하기

17년 동안 회사에 속한 디자이너로 지냈다. 회사에서의 환경과 경험은 지금의 내 모습을 있게 해주는 데 결정적 역할을 했다. 굴지의 회사에서의 경력은 감사하게도 어느 하나 버릴 것이 없다. 일을 배웠고 경험과 발전의 기회를 얻었다. 만 16년간의 회사 생활을 되돌아보면 좌절과 속상함, 말할 수 없는 스트레스도 많았지만 드라마 속 대사처럼 '더할 나위 없었다.'

워라밸이 중요한 요즘이지만 일과 삶을 분리하긴 어려운 것이 사실이다. 연차별로 회사에 기대하는 바가 달라지고 시선도 달라지는데 적절한 시기에 이뤄진 이직의 경험이 풍성한 배움과 성장의 기회가 되었다. 각 회사마다 강점이 달랐고 그 다름으로 시장을 선점, 선두를 지켜오는 치열함을 직접 경험했다. 성공한 오너들은 자신의 경험으로 일궈온 회사의 약점이 무엇인지 잘 알고 있었지만 그것을 뛰어넘는 것은 힘들어 보였다. 약점을 보완하여 그 이상의 결과와 더 큰 목표를 갖기 원하지만 성공한 방식이 확신이 되어 다른 방법을 받아들이는 것이 어려워 보였다. 사장님 입장에서는 함께 일할 만한 또는 믿을 만할 사람이 없다고 생각하는 듯 보였고, 직원의 성장을 기다려줄 여유도 없어 보였다. 기다림은 영업의 손실이라고 생각해서인지 기다려주는 오너를 본 적은 없다.

직원으로서 회사에 다니면서도 오너의 입장을 생각했던 것 같다. 그런 자질이 내게 있었다. 항상 화가 나있고 바쁜 사장님을 관찰하는 것이 재미있었고 이해도 갔다.

일을 알려주고 성장시켜준 직장 생활이 감사하다. 하고 싶은 것이 많은 디자이너였던 나는 브랜드라는 울타리가 답답하게 느껴진 적도 많았다. 그렇지만 돌이켜보면 회사 울타리가 또 얼마나 따뜻했던가.

직장 생활에서 장착해야 할 마인드를 정리해 보면 나는 이렇게 세 가지로 말해 보겠다.

'스피드', '열정', '주인의식'

스피드

회사는 성과를 내는 집단이고, 디자인을 해서 제조를 하는 기업은 적기가 중요하다. 판매해야 하는 적기에 제품이 출시되어야 소비자에게 어필할 수 있는데, 그 시기를 놓치게 되면 시작도 못 해보고 진다. 나의 쓸데없는 고집이나 하루를 미루는 말도 안 되는 게으름으로 연쇄적인 업무의 흐름을 방해하는 것이 최악이라고 생각한다.

열정

열정은 주변을 달궈준다. 사실 현장에서는 이 말보다 '열정은 주변 사람까지 피곤하게 한다'라는 말이 더 현실적이다. 하지만 열정은 내 삶을 주도적으로 책임지려는 태도에서 나오는 것이다.
회사를 위해서 몸 바쳐 일하는 무모함이 아니고, 나의 삶이 소중하고 한순간도 의미 없이 지내기에는 아까우니까 열정을 쏟아보는것! 나태함과 게으름, 무기력함이 회사 생활의 적이다. 이것을 교묘하게 퍼뜨리는 사람들도 많은데 이런 사람과는 적당히 선을 긋는 것도 방법이다. 만약 아끼는 동기나 후배가 이런 태도를 스멀스멀 보이려 한다면 애정 어린 충고를 날려보자. 애정이 결여된 충고는 자기 위로 또는 자기 자랑만 될 수 있으니 애정의 유무를 골똘히 생각하고 시작해 보자.

회사 디자이너 시절 '열정=전지연' 같은 말을 많이 들었는데, 그 당시에는 이 말이 좀 싫었다. 나는 열정이 아니라 실력을 더 인정받고 싶었다. 시간이 흘러 내게 있던 열정이 식어갈 때쯤 열정이 얼마나 소중했는지를 깨달았다. 사라질 때 비로소 느껴지는 소중함이랄까. 인지되면 수정할 수 있지 않은가. 집 나갔던 열정은 곧 다시 돌아왔다. 소진시키면서 일하는 습관을 경계하고 번 아웃 되지 않게 조절하자. 아웃풋과 인풋의 밸런스가 중요하다. 나를 채우는 것이 무엇인지 늘 고민할 것.

주인의식

주인의식이라는 말도 사실 열정과 일맥상통한다. 누굴 위해 일하는 것이 아니고 내가 속한 곳, 내가 있는 곳이 발전하고 성장하는 것이 중요하기 때문에 그것을 위하여 주인처럼 일하는 것이다. 주인의식이 없으면 하인처럼 된다. 수동적이고 소극적인 사람은 매력이 없다. 이런 태도는 회사에서 모두가 알아차린다. 걸음걸이, 표정만 봐도 느껴지는 에너지가 있다. 주인의식을 갖고 책임감 있게 프로답게 일하자. 회사는 배움과 성장이 있는 곳이자 성취감을 얻는 곳이다.

일을 시작한 첫 회사는 누가 뭐래도 친정 같은 기분이 든다. 일의 재미를 알게 해준 두 번째 회사에서는 물 만난 물고기처럼 행복했다. 세 번째 회사에서는 업무가 새롭지 않아서 좀 지루했는데 마침 이때 아이가 초등학교에 입학하는 바람에 엄마 역할에 좀 집중할 수 있었다. 이것도 나를 잘 이해해 주고 워킹맘을 배려해 주는 상사 덕분이었다. 애슬레저 룩을 알게 해주고 글로벌 회사의 기준을 맛보게 해준 네 번째 회사까지... 지나온 회사를 돌이켜보니 각 회사마다의 강점이 너무나 뚜렷했다. 강점을 바탕으로 업계의 한 획을 그은 회사들이고 그 안에서 만난 동료와 선후배, 업체 사장님들까지 모두에게 감사하다.

회사를 다니는 직장인들에게 '월급노예'와 같은 폄하의 말을 하는 것은 옳지 않다고 생각한다. 그들의 성실함과 근면함 덕분에 경제가 돌아가고 산업군이 발전하는 것이다. 그들의 수고와 애씀을 인정하고 격려하고 감사하는 분위기가 되면 좋겠다.

지속 가능한 행복한 직장 생활을 위해 필요한 것으로 스피드, 열정, 주인의식에 더해 동료애를 이야기하고 싶다. 함께 합을 이뤄 일을 해내는 짜릿함까지 있다면 최고의 직장 아닐까.

(주)신영와코루, 업계1위

패션을 전공하여도 학교에서는 란제리나 수영복을 다루지는 않는다. 결국 회사에 입사해서 언더웨어 패턴을 처음 접하고 배우게 된다. 그러다 보니 어떤 회사에 입사해서 배웠는지가 민감한 사항이 되는 것이 사실이다. 단연 업계 1위 신영와코루, 디자이너 사관학교라고도 하는 넘사벽 같은 회사인데 감사하게도 직장 생활을 이곳에서 시작했다.

이곳은 디자인 팀과 패턴 팀이 분리되어 있었다. 더 전문성을 부여하기 위해서 팀을 분리했다고는 하지만 디자이너들이 이직할 경우 경쟁력을 약화시키려고 세분화했다는 설이 있었다. 디자인실 출신은 패턴을 정교하게 하지 못할 것 같고, 패턴실 출신은 감각이 없다는 약점을 각각 갖게 되는 흐름인데, 사실 상관없다. 할 사람은 다 잘한다. 아무튼 이직률을 낮추고 싶은 회사의 전략이었나 보다.

함께 입사했던 동기는 8명이였는데, 나만 디자인실이었고 동기들은 모두 패턴실로 배정되었다. 문제는 교육에서 발생했다. 패턴실에서 교육을 담당하는데, 나는 디자인실이므로 교육을 해줄 수 없다는 것이다. 부서이기주의의 피해자가 되었다. 어찌어찌해서 교육은 함께 하게 되었지만 괜히 주눅도 들고 눈치도 많이 보였다. 교육 담당 선배의 말이 기억에 남아있다. "내가 너 가르쳐주는 거 당연하게 생각하지 마. 이거 내 기술이야." 맞는 말인 것도 같으면서 억울하기도하고 서러웠던 신입 시절이었다. 어떤 날은 나만 빼고 교육하기도 했는데, 퇴근 이후 그날 배운 내용을 동기들이 남아서 가르쳐주기도 했다. 역시 회사 생활의 버팀목은 동기 사랑이다.
디자이너 직급은 주니어 - 시니어 - 치프 - 마스터로 구성되어 있다. 마스터라는 말이 멋있었다. 어떤 분야의 마스터라니….

첫 상사 상무님이 신입 디자이너인 나에게 숙제를 내셨다. 매일 퇴근 전에 마음에 드는 디자인 스캔을 해서 자기 책상 위에 놓고 퇴근하라는 것이다. 출근하면 이건 왜 스캔했는지 물어보셨다. 그랬기 때문에 숙제만을 위한 스캔을 할 수가 없었다. 스캔을 하는 이유가 있어야 했다. 돌이켜보면 이 숙제가 보는 눈을 키워주었다. 제품을 보는 눈, 그리고 수집의 습관도 갖게 해주었다. 디자인을 하는 데 필요한 지식과 정보를 수집하는 습관을 만들어 주었다.
내가 생각하는 디자이너는 '관찰자'이자 '컬렉터'인데, 돌이켜보면 이때부터 자연스레 생겨난 것 같다.

패턴실로부터 설움을 당하며 교육받았다는 것을 알게 된 선배 디자이너가 나를 불쌍히 여기면서 따로 다시 교육해 주기도 했다. 신입 디자이너를 위한 6개월간의 정식 교육이 있지만 이 기간 내에 모든 것을 배울 수는 없다. 기본적인 교육이 이뤄지고 실무가 시작되면 이때부터 진짜 배움이 시작된다. 정확히는 내가 디자인한 제품이 출시되는 과정을 겪어보는 것부터가 진짜 시작이다.

디자인의 채택은 품평회 과정을 통해서 이루어진다. 선후배, 직급 다 떼고 제안하는 제품을 쭉 진열해 두고 선택하는데, 걸어두고 보면 보인다. 뭐가 예쁜지, 어떤 제품의 실루엣이 아름답고 독보적으로 돋보이는지 말이다. 참 신기하게도 반짝반짝 빛나고 또렷하게 빛나는 제품이 있다.
왜 예쁜지, 왜 다른지 관찰하고 깨달아야 한다.

봉제실(디자인하고 제품을 만들어주는 샘플실)에서 한 번씩 신입들 기강 잡는다고 무섭게 대할 때도 있었는데, 이유는 기억이 안 나지만 샘플실 과장님 때문에 울었던 기억도 있다.
샘플실 언니들이랑(과장 직급이지만 보통 친근하게 언니라는 호칭으로 불렀다.) 굉장히 잘 지냈다. 개발할 때 옆에 앉아서 과정을 지켜보고 이렇게 저렇게 자재와 컬러를 변경해보면서 만들어 나가는 과정을 매우 좋아한다.
샘플실 사람들은 아뜰리에 장인들이다. 핸드크라프트 작업을 사랑하는 사람들이라서 디자이너 못지않게 새로운 무언가를 만드는 작업을 좋아한다. 디자이너의 마음을 이해하고 함께 만들어 나가려고 하는 사람들과 일하는 게 너무 행복했다.

출산 후 복직을 할 때 인사하던 상무님 이야기도 기억에 남는다. "이제 출산했으니까 제대로 할 수 있겠네." 이 말인즉 출산 전후로 달라지는 체형을 경험했으니 브라를 더 잘 이해하겠구나 하는 이야기이다. 출산 전 탄력 있는 바디의 브라는 보정이 필요 없어서 브라에 대한 이해가 떨어진다는 말이다.

신영와코루의 역사가 곧 대한민국 란제리의 역사다. 1954년에 설립된 국내 최초의 란제리 회사다. 그렇다 보니 회사의 자부심도 대단하고 기술과 직무 능력도 탁월하다. 샘플실도 란제리에 필요한 모든 기종의 미싱을 다 갖추고 있는 곳은 신영와코루뿐이었다. 심지어 미싱 배열의 순서도 실제 봉제 순서대로 배치되어 있어 이곳에서 일하다보니 봉제 순서를 자연스럽게 익히게 되었다. 다 좋은데 20대의 디자이너가 다니기에 이곳은 조금 지루했다. 올드했다. 조금 더 패셔너블하고 트렌디한 스타일을 만들고 싶어도 전통에 밀려서, 과거의 데이터에 밀려서 진행되지 못하는 디자인이 너무 많았다. 이직의 시기가 다가왔다. 이제 형태를 이해했으니 더 다양하고 재미있는 회사에 가고 싶었다.

(주)좋은사람들, 마케팅과 디자인, 결국 브랜딩

두 번째 회사는 좋은사람들! 젊고 트렌디하고 생기 있는 회사였다. 신영와코루의 경력이 많이 도움이 되었고 이를 발판으로 하고 싶은 디자인을 맘껏 펼칠 수 있었는데, 이직 후 내가 성장했음을 체감할 수 있었다.
회사의 경쟁력이 '디자인'에 있다고 방점을 찍은 회사이기 때문에 디자이너를 대하는 태도가 호의적이었다고 해야 할까.
머릿속에 떠오르는 디자인을 맘껏 구현하면서 즐겁게 일할 수 있었다. 모자라고 부족하고 엉뚱해 보이는 디자인도 많이 했을 텐데 그런 것들이 허용되는, 도전하는 디자인에 한 표를 던져주는 회사였다. 물론 이 엉뚱함이란 브랜드의 아이덴티티에 적합한 범위 안에서 자유로운, 제품력이 갖춰진 디자인이다.

신규 브랜드 런칭 팀에 투입되었는데, 이 경험이 디자이너로 성장하는 결정적 경험을 갖게 해주었다. 브랜드의 런칭을 해본 사람과 그러지 못한 사람의 차이는 어마어마하다. 업무 강도도 세고 스트레스도 많았지만 이 경험이 나를 디자이너로서 한층 성장시킨 것에는 틀림이 없다. 야근도 많았지만 더불어 성장의 기회도 많았다. 브랜드가 생겨나는 모든 과정에 참여해본 경험이 개인 브랜드 지아나를 런칭하게 된 명확한 동기가 되었다. 내가 뭘 좋아하고 잘하는지 알게 된 경험이었다.

다양한 브랜드와 50명이 넘는 디자이너를 보유한 회사이다 보니 매일매일이 다채로운 회사 생활이었다. 그 당시에는 적잖은 스트레스가 있었겠지만 시간이 지난 지금 돌아보면 귀엽기만하다.
회사생활은 재미있었고, 우린 젊고 유쾌했다. 모두가 치열하게 일하는 분위기였고, 그런 사람이 인정받을 수 있는, '좋은 사람들'이 많은 조직이었다.

이때 함께 일했던 후배 디자이너들 중 지금 개인 사업을 하는 친구들이 많다. 이 당시의 경험이 큰 자산이 된 듯하다. 우리 모두 정말 진지하고 치열했다. 최고의 복지는 동료라는 말이 있듯이 끈끈한 동료애가 있었다. 이제는 동료를 넘어 친구가 된 선후배도 많다.

디자인이 뭔지 고민하기 시작했고, 책임감 있는 디자인으로 업무의 흐름을 잘 이해하는 조직원이 되었고, 사람들에게 사랑받는 브랜드가 되는 것을 추구했고, 결국 브랜딩이 무엇인지, 내가 어떤 일을 하고 있는지에 눈을 뜨는 시기였다. 일이 정말 좋았고 재미있었다.

코튼클럽(주), 생산력을 기반으로

세 번째 회사는 코튼클럽(주). 이곳 사장님은 봉제 공장을 운영하시던 경험으로 브랜드를 인수해서 회사를 키워내신 분이다. 지금은 엄청난 성장으로 코데즈컴바인, 트라이엄프, 엘르 등 많은 브랜드를 보유한 큰 회사가 되었다.

디자인과 영업력을 갖춘 회사라도 생산 납기나 생산력에 문제가 생기면 결국 판매 적기를 놓치는 경우도 많고, 이는 결국 재고로 연결되어 리스크를 유발하는데 코튼클럽은 이 부분에서 걱정이 없는 회사다. '제조업에서는 결국 생산력인가? 생산이 이렇게 중요하구나'를 느끼게 해준 곳이다. 북한 개성에도 공장이 있어서 여러 번 방문한 적이 있다. 디자이너가 직접 공장에 방문한다는 것은 뭔가 해결해야 할 급한 문제가 있어서인 경우가 많지만, 북한 개성공장 방문은 빠른 커뮤니케이션과 직원 교육 차원에서였다.
휴전선을 넘어가고 있다는 신기한 경험, 생각보다 너무 가까워서 깜짝 놀랐다. 군복을 입고 출입을 통제하는 북한 사람들은 뭔가 영화 속 인물같이 아득하게 보이기도 했다.

진짜 실무는 현장에서 이뤄진다. 책상에서 패턴 메이킹을 잘하고 잘 맞는 마스터 패턴을 작업하는 것도 중요하지만 이것이 공장에서 어떻게 구현되는지를 알고 있는 것이 중요하다. 그래야 더 적합하고 효과적인 일을 할 수 있게 된다. 디자이너들은 꼭 현장에 나가서 일이 진행되는 사항을 알아보기 바란다. 현장에 대한 이해는 원가 절감으로 직결되고, 서로를 배려하고 이해하는 밑거름이 된다.

세 번째 회사에서의 업무는 새롭지 않아서 지루했다. 사람은 적재적소에 배치해야 업무 효율을 낼 수 있을 텐데.... 아쉽고 지루했다. 뭘 할 수 있고 뭘 해야 할까 고민하다가 업무로 빠져나갈 새로움이 없어서 아쉬웠다. 달려가고 싶은데 길이 없어 답답했다. 조직을 존중하고 주변을 배려해야해서 숨죽이는 기분이 들었다.
마침 아이가 초등학교에 입학한 터라 녹색어머니회나 학교 행사에 빠지지 않고 참석했다. 일로는 쉬어 가는 시간이 되었는데, 주어진 일에는 늘 최선을 다했다. 워킹맘으로서 엄마의 역할을 잘할 수 있게 배려해준 상사를 만났고, 주어진 업무를 성실히 잘해내리라는 서로 간에 믿음이 있어서 가능했다. 상사 복이 있는 편이였다.

성장이 없는 곳, 새로움이 없으면 누구나 권태가 온다. 이직의 순간이 찾아왔다.
뜨거운 물에서는 개구리가 튀어오르지만 서서히 데워지는 물 안에 있으면 느끼지 못하고 죽어가게 된다는 이야기처럼 지루함에 익숙해지는 내모습이 싫었고, 아직 더 해보고 싶은 일들이 많았다.
때때로 일하다 보면 이럴 때가 찾아올수 있는데, 높은 시야에서 나를 객관적으로 바라보면서 판단해 보는 것이 중요하다.

휠라코리아(주), 애슬레저룩

설명이 필요 없는 회사이지 않은가. 이탈리아 본사를 인수, 평사원에서 회장까지 된 성공 신화가 있는 글로벌 브랜드 휠라.
휠라인티모는 휠라의 언더웨어 파트이다. 이곳에서 여성물 담당 디자이너로 근무하게 되었다. 워낙 페미닌 무드가 강한 스타일의 디자이너라서 새로운 도전이 되었다. 이참에 애슬레저 룩을 공부해 보자 싶었다. 휠라에서의 근무 방식은 기존의 언더웨어 회사들과는 다른 것이 많았다. 사내에 샘플실이 없었고, 외부 프로모션 업체를 통해 진행하는 것이 달랐다.

회사의 방향은 이탈리아의 헤리티지를 바탕으로 이탈리안의 열정을 패션으로 승화시킨 프리미엄 라이프스타일 스포츠 브랜드!
이런 회사의 방향성과 실제 착용 소비자 사이의 갭이 너무나 커서 조금 혼란스러운 브랜드이기도 했다. 오래된 브랜드이다 보니 전통도 깊지만, 올드하고 진부한 면도 많았다.

사내에서 공유하는 출장 샘플은 대부분 스포츠 의류였다.
스포츠 퍼포먼스를 고려한 스포티브한 제품뿐만 아니라 라이프웨어로의 제안이었다. 낯설고 새로운 학습의 시간이 되었다. 브랜드가 지향하는 컨셉 아래에서 내가 할 수 있는 것을 제안하려고 노력했던 시간이었다. 나와 다른 성향의 브랜드에서 일하는 것이 힘들 수 있지만 지금이 아니면 언제 다뤄볼까 싶은 마음에 스포츠 퍼포먼스를 배우고 익혔다. 국가대표 선수를 지원하는 회사라서 핫한 스포츠 스타를 품평회 시간에 가까이서 볼 수 있었던 신기한 경험도 기억에 남는다.

만약 휠라에 다녀보지 않았더라면 '직장 생활 하기 나름이다' '즐겁게 다녀라' '스트레스는 다 똑같다' 같은 소리 하는 꼰대가 되었을지도 모르겠다. 고백하자면 훌륭한 회사이지만 다녀본 회사 중에 제일 스트레스가 심했다. 관계가 힘든 조직이었는데, 이 수준이 어쩌면 직장 생활의 평균일 수도 있겠다는 생각이 들었다. 그동안 다녀온 회사가 이상하리만큼 평화로웠던 것일 수도.

하루 중 가장 긴 시간을 보내는 곳이 직장인데 이곳의 생활이 힘들면 삶의 질이 확 떨어진다. 자기 객관화가 필요하기도 하지만 무조건 조직의 일원으로 참고 다니는 것도 한계가 있지 않을까? 정말 이상적인 회사 생활은 무엇일까? 일하는 것이 즐거워서 쉬는 날이 아쉬웠던 나였는데 달력의 빨간 날, 쉬는 날만 꼽고 있는 내 자신이 낯설어서 괴로웠다. 덕분에 회사 생활의 스트레스를 제대로 이해하게 되었다. 이 시간 동안 얻은 귀한 보물은 동료 디자이너들과 업계의 훌륭한 사장님들이다.

만족스러운 회사 생활 덕에 브랜드 런칭은 점점 멀어졌을지도 모르겠지만 휠라 덕분에 브랜드 런칭에 대한 열망이 점점 뜨거워졌다. 나의 본질이 무엇일까를 고민하면서 회사를 다녔고, 회사와 나의 싱크가 맞지 않는 것 같은 기분이 들었다. 내가 기여할 것이 없고 성장이 없는 허전함이 지속되었고, 결국 나는 디자이너로서 내가 생각하는 속옷에 대해 이야기하고 싶다는 것을 알아차렸다.
구체적으로 내 브랜드 런칭을 준비하게 되었다.

디자이너를 위한 조직 생활의 꿀팁

일을 배워야 하는 시기의 디자이너에게
- 쓸데없는 일은 없다. '지금이 아니면 언제 해보겠어?' 하는 마음으로 열심히 배워보자.
- 모든 경험은 내 브랜드 운영에 도움이 된다.
- 회사에 감사하자. 회사에서 알려주는 직원 교육마저도 다 도움이 된다. 귀찮아하지 말고 야무지게 감사히 배우자.
- 결국 동료들이 남는다.
- 업체 사장님들께 잘하자. 그분들이 진짜다.

장급이 된 디자이너들에게
- 회사에서 부여한 직책은 진짜 내가 아니다.
- 당신의 실력은 퇴사하고부터 시작된다.
- 결국 사람이 남는다.

디자이너 업무 FLOW

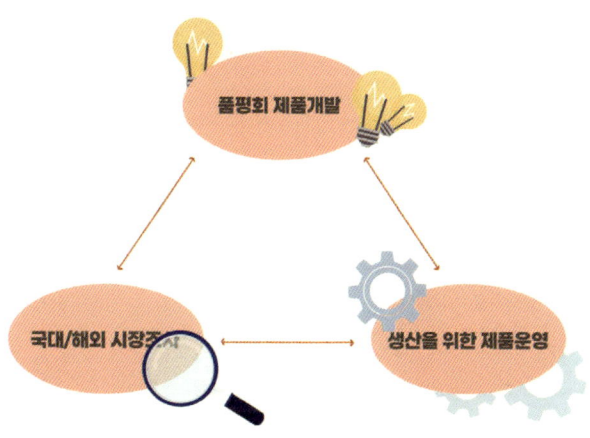

신제품 개발을 위한 국내외 시장조사
시장의 흐름과 소비자의 니즈를 반영한 신제품 출시를 위한 품평회
출시 예정 제품을 공장에 투입하고 매장에 입고시키기 위한 제품 운영: 마스터 패턴 메이킹/업체 상담/룩북 촬영

시장조사

신제품 개발을 위한 국내외 시장조사는 디자이너의 자연스러운 일상이다. 국내 국외 시장조사를 통해 트렌드를 읽고 영감을 통해 'something new'를 찾고 연구한다.

새롭지만 낯설지 않고, 익숙한데 진부하지 않은 새로움!

세계적인 란제리 박람회는 파리에서 겨울과 여름 일 년에 두 번 개최된다. 전 세계의 란제리인이 모두 모이게 되는 것이다. 새로운 컬렉션을 선보이고 바이어를 만나는 제품관 Salon International de la Lingerie, 원단과 레이스 원부자재 소재관 Interfilière Paris에서 혁신적이고 새로운 소재 및 원부자재 트렌드를 제시한다. 박람회 부스를 방문하여 샘플을 신청하거나 오더를 진행하기도 한다.
1월 Salon International de la Lingerie & Interfilière Paris
8월 Curve Paris & Interfilière Paris

유로베에서 진행하는 파리 란제리 박람회

WORLD NUMBER 1 IN LINGERIE AND SWIMWEAR
Eurovet is number 1 worldwide in lingerie and
the international events based in Paris, New York, Los Angeles, Montreal and Shanghai, and the national leader in sportswear and equipment trade fairs.

소재를 제안하는 소재 트렌드 Interfilière Paris

란제리 패션쇼 및 브랜드 포럼 Salon International de la Lingerie

전 세계의 란제리 하는 사람들이 한곳에 모이는 박람회장에 들어가면 새로움을 찾아내기 위한 비장한 마음이 들기도 하고 이곳에 속해 있다는 뿌듯함과 웅장한 마음까지 든다. 속한 회사를 대표해서 왔기 때문에 놓치지 않고 보고 듣고 가야 한다는 긴장감도 들고, 돌아가서 작성해야 하는 만만치 않은 보고서도 의식하게 되어 자료를 꼼꼼히 모아둔다.

부스 이곳저곳을 살피면서 내 브랜드가 이곳에 출품하는 상상을 하기도 했고, 참가한 유럽의 스몰 브랜드를 살펴보면서 제법 감정 이입도 하며 본 기억이 난다.

현지 패션 스트리트를 돌아보고 유명한 백화점을 돌아보며 트렌드를 파악하고 샘플링을 한다. 브랜드마다 조금씩 차이가 났지만 란제리를 400~500만 원 정도 사게 된다. 신나는 란제리 쇼핑 타임.

비행기를 타고 시공간을 넘나들면서 자연스럽게 쌓이는 인사이트가 신기하리만큼 디자이너를 발전시킨다. 이곳저곳 둘러보느라 다리와 골반이 저릿저릿 빠질 듯이 아프지만 한정된 시간에 좀 더 많은 것을 보고 느끼려고 아침부터 밤늦은 시간까지 정말 많이 돌아다닌다.

보통의 회사들은 명품 거리나 쇼핑 스팟, 백화점이 많은 거리, 소호 위주로 업무차 둘러보는데 (주)좋은사람들은 특이했다. 바쁜 업무 환경 속에서 유럽 출장을 갔다면 디자이너의 감성을 키워 오는 것이 필요하다는 오너의 생각 덕분에 관광지를 다녀오게 했다. 이를테면 파리의 몽생미셸이라든지 베르사유 궁전 같은 관광지 또는 핫한 플레이스 찾아서 다녀오기 등. 이런 식으로 시간을 따로 내어 유럽 현지의 감성을 느끼기 위해 어디든 다녀오는 것을 당연하게 여기는 분위기였다.

출장을 떠나기 전에 어디에 다녀올지 계획을 세우는 것에서 이미 출장의 설렘이 시작된다. 숨겨진 핫 플레이스를 찾아내고 아끼는 후배들에게 이곳에 가보라며 추천하는 재미가 있었다. 구글 지도가 없던 시기라서 보물 지도처럼 예쁜 곳을 찾아내며 표시하고 손수 지도를 보며 다녔던 기억, 화소가 높은 디지털 카메라가 빛을 발하던 싸이월드 시절이었다.
짧은 시간을 내어 이곳저곳을 다니던 자유로움과 해방감이 기억에 남는다.

파리 쁘렝땅 백화점에서 유모차를 밀며 함께 란제리를 고르고 있는 부부의 모습이 눈에 띄었다. 부부가 자연스럽게 대화를 나누면서 함께 란제리를 고르고, 남편이 피팅룸 앞까지 따라가서 아내의 피팅 모습을 봐주고 있었다. 지금으로부터 15~17년 전쯤이어서 이런 광경이 내게 너무 신기하고 멋지게 보였다. 더 어울리는 란제리를 골라주고 의논하면서 쇼핑하는 모습이라니, 이게 라이프스타일이구나! 사랑하는 사람과 공유하는 옷. 자연스러운 일상 속에 스며든 란제리 라이프는 이런 것 같다.

해외 시장조사만 가는 것이 아니고 자사의 매장이 있는 곳의 점주를 만나기 위해 지방 시장조사를 가기도 한다. 점주들로부터 생생한 현장의 이야기를 듣고, 지방 주요 중심가의 분위기를 파악하고, 자사뿐만 아니라 타사의 상황도 보고 듣게 된다.

서울을 떠나 다른 곳으로 이동하는 것부터가 이미 여행의 기분이다. 출장은 멤버가 정말 중요한데, 마음이 맞는 동료와의 출장은 어디를 가든 즐겁기만 하다. 일이지만 재미를 더할 수 있는 비즈니스 트립! 해야 하는 업무를 똑 부러지게 해내고 점심 저녁을 맛있는 지역 맛집 탐방으로 다니는 거다. 회사 생활도 즐겁게 다닌 기억이 많은 나는 운이 좋았던 것 같다. 지나간 과거라서 더 아름답게 추억되는 것일까?

강남의 백화점이나 압구정 갤러리아 등 패션에 특화된 장소는 따로 시간을 내어 보고서를 위해 다녀오기도 하지만, 기본적으로 디자이너라면 생활 습관처럼 시장조사가 몸에 배어 있다.
보고 듣고 느끼는 모든 것을 몸으로 터득하게 된다.
디자이너에게 경쟁력이란 시장을 보고 읽어내는 능력에 있다고 생각한다. 시장을 보는 눈을 키워야 한다.

나만의 비밀 폴더를 가져보자.
디자이너는 수집가이기도 해서 자료를 많이 모아두어야 한다. 회사 제출용으로 회사 브랜드 시각에 맞는 자료를 모아 정리하기도 하고, 개인적으로도 취향에 맞는 자료를 모은 폴더를 반드시 채워나가길 바란다. 이런 폴더의 모음이 자기 브랜드 런칭에 힘이 된다.
나의 취향을 알게 되는 방법이기도 하다.
쌓이고 쌓이는 나만의 헤리티지.

품평회

시장조사를 통해 얻게 된 이성적 감성적 정보를 바탕으로 디자인 기획 개발에 돌입한다. 본격적인 품평회 준비가 시작된다.

성악가는 노래를 잘해야 하고, 축구선수는 축구를 잘해야 하듯이 디자이너는 품평회를 잘해야 한다. 디자인을 잘해야 한다. 그래야 할 말이 있다. 품평회를 잘했다는 것의 기준은 품평회에 대한 반응이다. 궁극적으로 더 넓게 보면 시즌의 판매 추이와 매출로 증명된다.

디자이너라면 품평회의 매운맛을 본 적이 있을 것이다.
이 시기에는 야근이 일상이 된다. 개인적인 저녁 약속이나 모임은 다 미뤄진다. 품평회에 집중! 오죽하면 친구들이랑 가족들이 안다. 품평회 기간이구나!
판매 데이터를 분석하면서 내년을 예측하고, 시장에서 반응이 좋을 제품을 만들기 위해 총력을 다하게 된다.

품평회 방식은 회사마다 조금씩 다르다. 호텔의 공간을 빌려 대리점주와 회사 임원이 함께 참여하는 큰 규모부터 회사 내 회의실이나 쇼룸에서 디스플레이를 하고 진행하기도 한다.
백화점 판매 매니저나 사내 관계자들이 다 함께 참여하는 등 브랜드 내에서는 일 년에 두 번(많게는 4회)있는 가장 중요한 업무 중 하나이다. 이 품평회를 통해 결정된 제품이 회사의 매출을 좌우하기 때문에 신경이 곤두서는 기간이 된다. 어느 회사에서나 마찬가지로 가장 중요하고 비중 있는 행사이기 때문에 상품기획실과 디자인실의 긴장감이 높아진다.

품평회 기간은 집중과 긴장의 연속이었다. 제품 개발을 성공적으로 해서 궁극적으로 매출을 증대시키고 시장에서 선두가 되려는 목표, 내가 기획하고 디자인한 제품이 좀 더 빛나고 메인으로 선정되어 더 잘 팔렸으면 하는 개인적이고 합리적인 야망까지 모든 것이 버무려진 긴장의 시간이다.

신영와코루에서는 품평회를 통해 채택된 채택률이 개인의 인센티브와 직결되었고, 좋은사람들의 경우 제품 위에 바로 도트 표시를 해서 인기 있는 제품이 눈에 바로 보이기 때문에 여러 이유로 이 시기는 예민해지는 기간이었다. 동료 디자이너들과 은근히 비교되는 채택률과 베스트의 압박감 때문에.

 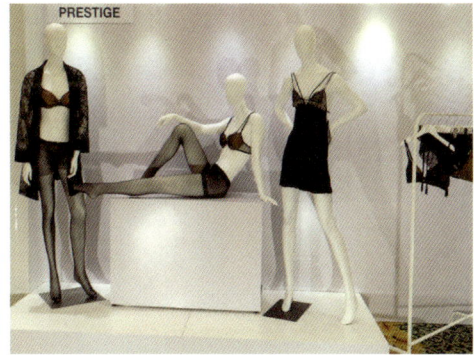

품평회에 디스플레이된 제품

지금 생각해보면 그렇게까지 예민할 필요가 있었나 싶지만 이건 지나간 이야기이기 때문에 그런 거다. 밤샘도 불사하고 품평회에 매진했던 지난날을 돌아보면 조금 안타깝기도 하고 그 시절의 진지함과 열정이 떠오르곤 한다.
잘하고 싶고 인정받고 싶은 디자이너의 습성을 잘 이용한 회사의 전략적 태움 같기도 하다. 그땐 나뿐만 아니라 모두 정말 대단했다.

패션디자인학과를 졸업한 사람의 추억 속엔 과제를 하느라 학교에서 밤새우며 다림판에서 잠들던 대학 시절 추억이 있듯이 디자인실에서 일한 경험이 있다면 품평회 기간 내에 회사에서 밤새우며 웃고 울던 추억 하나쯤은 가지고 있다.
새벽에 편의점 가서 동료들과 라면 먹기,
디자인실만 남아 있는 새벽, 회사에서 크게 음악 틀고 일하기 등.

패턴 메이킹

란제리 디자이너는 디자인뿐만 아니라 패턴까지 모든 과정을 책임진다. 여성복의 경우 모델리즘을 담당하는 패턴 실장이 따로 있는 것과는 다르다. 이 점이 바로 란제리 디자이너의 매력이라고 생각한다. 란제리 디자이너는 디자인과 마스터 패턴까지 모두 책임지게 된다.

*모델리즘: 디자인 다음 단계인 실제 제작에 해당하는 영역으로, 의복 구성 패턴 제작을 하는 것을 말한다.

 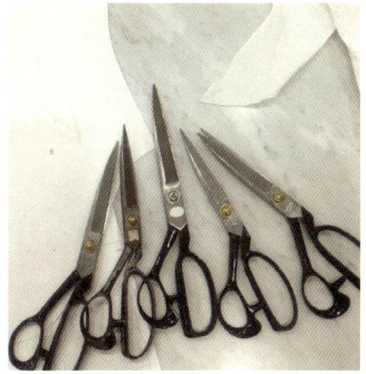

란제리 제도에 필요한 도구: 오색자, 삼각자, 줄자, 0.3mm 샤프

디자인을 하고 구체적으로 제작을 하기 위해 패턴 메이킹 작업을 진행한다. 패턴 메이킹이란 집을 짓는 데 필요한 설계도처럼 옷을 짓는 데 필요한 설계도라고 생각하면 된다.

란제리 패턴 메이킹을 위한 인체 계측은 다음과 같다.

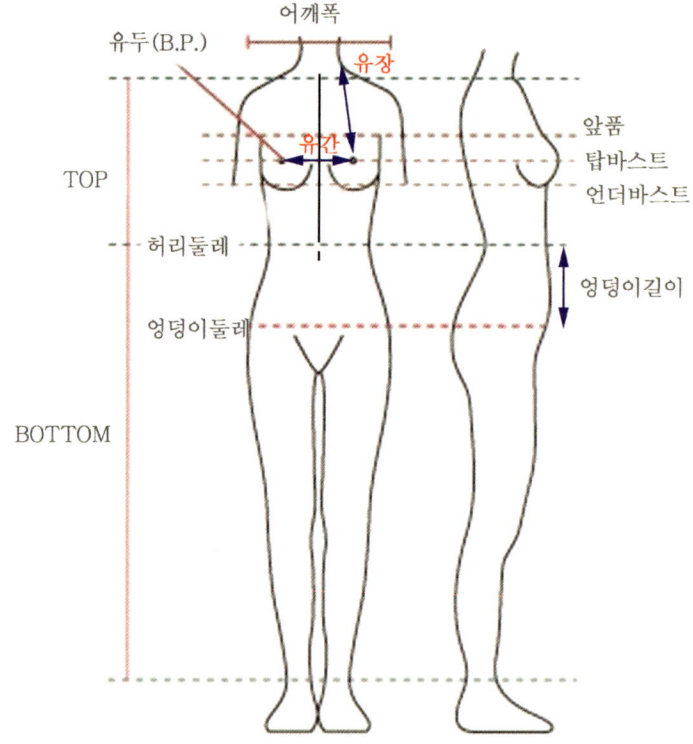

패턴 메이킹을 위해서는 여성 신체에 대한 이해가 필수다. 인체 계측점은 무엇이고 어디인지 알아야 하고, 이를 바탕으로 한 패턴 메이킹의 기본선에 대한 이해가 잘되어 있어야 한다.

옷을 입는 목표가 무엇인지 생각하면서 패턴 메이킹 한다.

브래지어의 목표는 가슴을 안쪽으로 자연스럽게 모아주고 잘 잡아주는 것이다. 브래지어의 유간은 여성복의 유간보다 짧게 잡고 설계한다. 이미 제도에서부터 가슴을 모아주기 위해 유간을 측정하고 있다. 팬티의 경우도 힙을 감싸주고 싶은 패턴인지, 힙의 노출이나 감싸는 것에 관심이 없는 스타일인지를 의식하면서 기본선을 조절할 수 있다. 수영복의 경우 실내 수영복인지 호캉스를 위한 수영복인지에 따라 기본선 스펙을 조절하면서 패턴 메이킹 한다.

연결 부위가 왜곡이 없이 부드럽게 연결되는지 체크한다.

옆선의 연결 부위 앞뒤에 왜곡된 선이 없는지 체크하고 부드럽게 이어지는지 살펴본다. 여성의 인체는 곡선으로 이뤄져 있어서 패턴에서도 곡선을 사용하게 되는 경우가 많다. 이때 왜곡되고 과격한 라인보다는 직선 같은 곡선을 사용하면 더 부드럽게 잘 맞는 옷이 완성된다.

팬티 기본 패턴

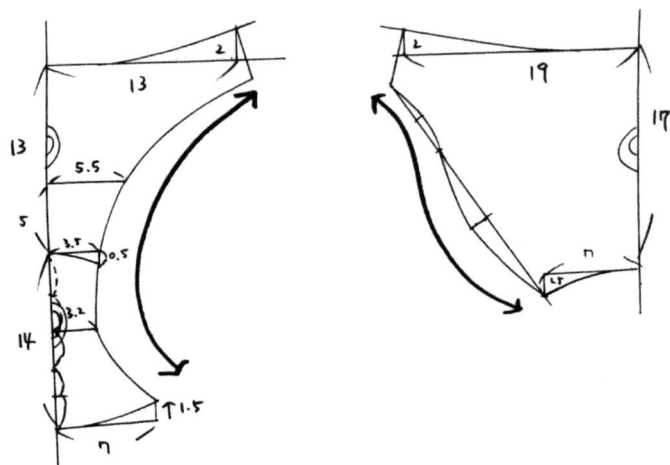

lingerie pattern making panty by GIANNA

패턴 메이킹의 노하우는 실무에서 쌓인다. 실력도 개인차가 심하며 디자이너마다의 자부심이 강한 영역이다.

유연하게 조절할 수 있는 사고, 시대에 따라 달라지는 기본선과 치수를 알아차리는 센스도 있어야 한다. 자부심 있게 일하되 꽉 막혀있지는 말자. 소통은 패턴 메이킹에도 필요하다. 브랜드 소비자의 니즈와 편안함을 의식하고 제안하면서 밀고 당기는 센스가 필요하다.

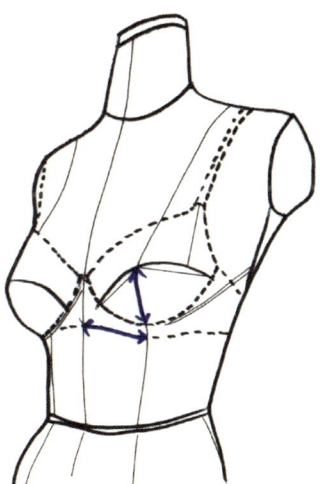

lingerie pattern making

브래지어 패턴에도 트렌드가 있다.

브라는 유두를 기준으로 제도하는데, 선호하는 유간이 시대마다 달라지는 것을 경험했다. 과거 가슴을 모아주는 스타일이 유행하던 때는 유간을 매우 좁혀 9cm까지 만들어 주기도 했다. 요즘 유행하는 노와이어 브라렛의 경우 유간을 14cm로 설계하는 것과 비교하면 얼마나 다른지 알 수 있다.

더 모아주고 업시켜주는 스타일인지, 자연스럽고 편안함을 추구하는 스타일인지에 따라 조절하며 제도할 수 있다. 날개와 브래지어 상변을 제도할 때도 부드럽고 유연하게 라인을 사용하게 되는데, 모두 같아 보여도 디자이너마다 곡선의 분위기가 다르고 선호하는 제도자의 부위도 다르다. 뉘앙스를 잘 이해하고 봉제로 어떻게 표현되는지, 피팅 했을 때 차이점은 무엇인지를 알아차리고 보완하고 발전시키면서 완성형의 패턴을 갖게 된다. 패턴도 진보하고 숙성된다.

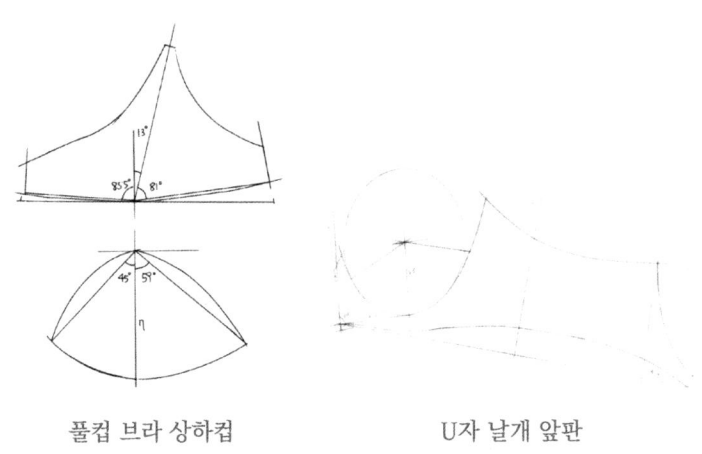

풀컵 브라 상하컵   U자 날개 앞판

패턴 메이킹 이해를 위한 스케치로 이해해주길 바란다.
더 많은 패턴 메이킹은 지스튜디오 수업을 통해 배울 수 있다.

패턴 메이킹을 하다 보면 신기하게도 디자이너가 자신의 체형과 비슷하게 만들어내는 것을 알게 된다. 가슴 흉곽이 넓은 디자이너는 자신도 모르게 모아주는 브래지어를 선호하지 않고 편안하게 와이어 폼이 넓은 스타일로 만들고, 힙 아랫부분 살이 있는 디자이너는 팬티 패턴 곡선을 많이 사용하여 엉덩이 아랫부분을 잘 감싸게 설계한다. 이렇듯 디자이너의 체형이 패턴에 적용되는 것을 많이 경험했다. 자기의 눈에 익숙해진 바디라인을 구현하거나 자기 체형을 보완하게 되는 것인데, 주관적인 패턴 메이킹을 하지 않도록 경계하길 바란다.

이를 위해서 피팅 모델에 기준을 두고 운영하는 것이 필요하다.
피팅 모델은 내가 운영하는 또는 속해있는 브랜드 소비자의 평균 정도인 게 좋다. 화보 속의 드라마틱한 멋진 모델의 바디가 아닌 평범한 피팅 모델이면서 사이즈(예를 들어 탑바스트 87, 언더바스트 75, 힙둘레 96: 75B / 95 사이즈 모델)가 정확하게 나오는 모델을 찾아야 한다.

더 수정할 곳이 있는지 없는지는 실물로 제품을 만들어보고 피팅 모델에게 입혀보면서 판단하게 된다. 수정할 곳이 없는 완벽한 패턴을 마스터 패턴이라고 부른다. 마스터 패턴이 완성되면 이것을 사이즈별로 그레이딩 하게 된다.

업계 1위 신영와코루가 인정받는 이유는 마스터 패턴을 만드는 데 있어서 양보가 없기 때문이다. 완벽할 때까지 만들고 수정하는 수고를 아끼지 않는다. 다녀본 회사 중 어디와도 비교되지 않게 월등히 많이 만들어보고 수정한다. 이 점이 부동의 업계 1위를 만들어 주는 것 같다.

언더웨어 패턴의 경우 회사에 입사해서 처음 배우게 되는데, 도제식으로 이뤄지는 경우가 대부분이어서 어떤 회사 출신인지가 실력과 신뢰도로 인지되기도 한다. 반드시 시간을 지불해야 얻을 수 있는 것들이 있듯이 패턴 메이킹도 역시 연차가 쌓이고 운영해본 패턴의 경험이 많을수록 탄탄함이 더해진다. 신입 디자이너 시절 패턴을 꺼내보면 웃음이 지어지는 것은 나만이 아닐 것이다.

그레이딩

피팅이 잘 이루어진 마스터 패턴이 완성되면 일정한 규칙, 룰값에 따라 패턴을 확대 하거나 축소하게 되는데 이것을 그레이딩이라고 한다. 그레이딩 할 때는 룰값에 따라 정해진 규칙대로 그레이딩 하고 디자인 선을 동일하게 적용하는 것이 필수이다. 사이즈가 달라진다고 해서 디자인 라인이 변경되지 않도록 신경 쓰면서 그레이딩 한다. CAD를 이용해서 그레이딩 하는 그레이딩사도 따로 있긴 하지만 란제리의 경우 디자이너가 수작업으로 그레이딩 하는 경우가 훨씬 많다.

와이어 도면

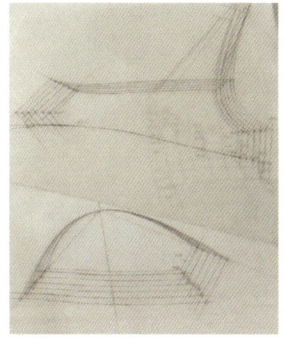

그레이딩

그레이딩된 패턴을 바라보면 뿌듯함도 느껴진다.
많은 디자이너가 머리를 싸매야 하는 창작만큼 단순 반복 작업인 그레이딩 시간을 좋아하기도 한다. 정답이 있는 듯한 말끔함을 바라보면 기분이 좋아진다.

도식화 그리기

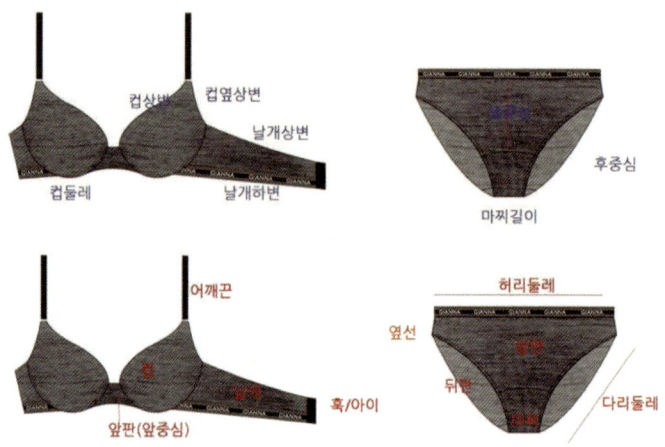

도식화는 아이디어를 전달하고 공유할 때 사용된다.
컨셉, 디자인, 색상, 텍스처에 대한 정보를 시각적으로 표현하는 평면 그림이다. 작업을 공유하는 사람들이 이해할 수 있도록 봉제 방법(스티치), 소재의 느낌까지 표현한다.

도식화를 그릴 때 주의사항
- 제품의 비율이 정확히 표현되어야 한다.
- 제품의 봉제 방법이 보이도록 심라인(봉제선)을 표현한다.
- 소재의 정보를 알아볼 수 있도록 표시한다.

컴퓨터를 사용해서 그리기도 하고 수작업으로 그리기도 한다.
비율이 잘 표현되도록 도식화를 그리는 방법은 바디 토르소를 먼저 그리는 것이다. 그 위에 제품을 입히면 비율의 무너짐 없이 그릴 수 있다.

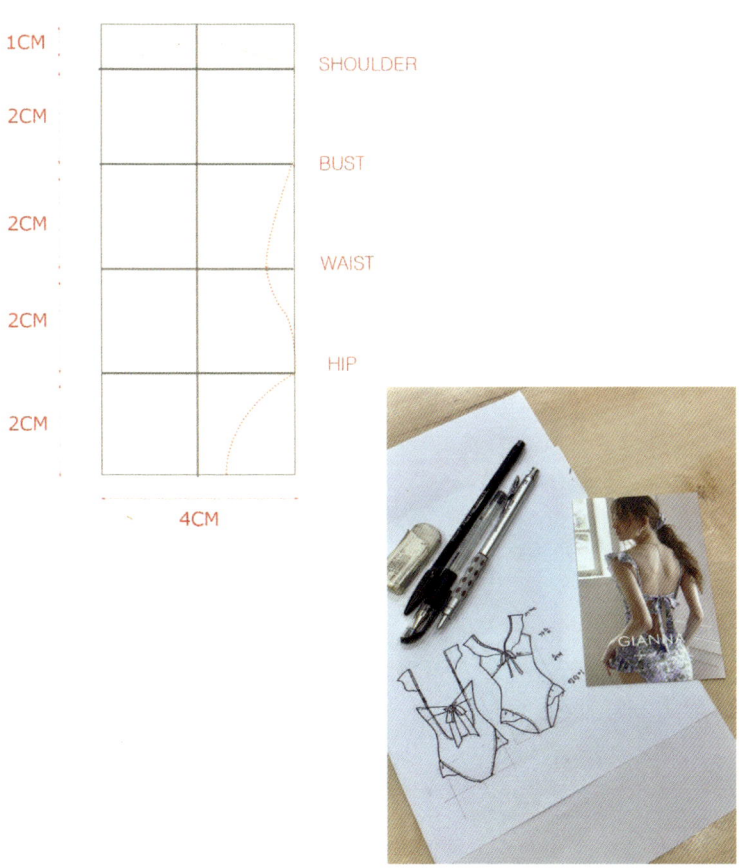

도식화를 그리면서 관찰력을 키워보는 것을 추천한다. 디자이너의 매운 눈썰미를 키워주는 좋은 방법이다. 실력을 업그레이드시켜 주는 것은 물론 자보다 정확한 비율감을 키울 수 있는 보배 눈을 만드는 치트키가 될 수 있다. 도식화 많이 그려보는 것! 잊지 말자.

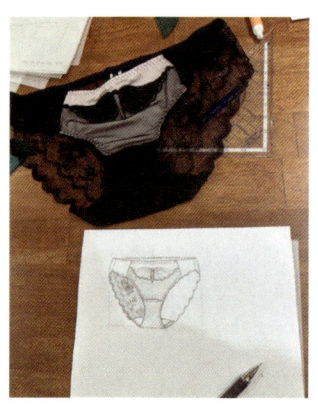

미싱 기종

란제리에 사용하는 표준 기종은 다음과 같다.

봉제기종	시접침폭	시접칼폭	땀수	침호수	봉사 바늘실	봉사 밑실	봉사 옆실	참고사항	기종
본봉			0.5	12	DB9	N	N		○
본봉(가봉)			0.3	8	DB9	P	P	시침	
이본봉	1/8			12	DB9	N	N	앞중심폭, 컵상변	⊖
이본봉	3/16			12	DB9	N	N	컵둘레,컵상변,날개폭	⊖
이본봉	1/4			12	DB9	N	N	컵둘레,날개폭	⊖
Z/Z	0.3	0.5		20	DB9	N	N	레이스,바인딩테이프봉제	Ⓦ
Z/Z갓치기	0.3	0.7		28	DB9	P	P	H/E봉제	
3점Z/Z	0.7	0.7		27	DB9	P	P	테이프봉제	Ⓦ
3점Z/Z	0.7			30	DB9	P	P	부직포이음시	
1본 오바	0.4	0.5		14	DC9	P	W	W	부직포상변,몰드상변	▨
2본 오바	0.6	0.7		14	DC9	P	W	W	레이스부착	▨
Bar-tack	0.2			30	DP9	P	P	와이어테이프,어깨끈맺음	
평2본	0.4	0.5		14	DV9	N	W			Ⓚ
양면평2본	0.4	0.5		14	DV9	N	N	W	후리실	
평3본	0.6	0.7		14	DV9	N	W			Ⓚ
양면평3본	0.6	0.7		14	DV9	N	N	W	후리실	
날라리				28	DC9	P	W	W	장식용	
에루나(스카랍)	0.2			24	DP9	N	SPK		장식스티치	
단추달이기				제자리	DP9	P	P		
간도메				30	DP9	P	P		Ⓚ

그 외 란제리에 사용하는 특수 기종
- 하기 지도리 (망뜨기)
- 미쓰마끼
- 나나인치(단추구멍)
- 체인본봉
- 하마구리
- 스모크
- 핀턱

브래지어 상하변이나 팬티 허리 다리 둘레에 늘어나는 봉제 기종으로 지그재그 Z/Z, 3점Z/Z, 평이본, 평삼본을 기억하자.

봉제에 사용하는 실의 종류는 세 가지이다.
N사 나일론사 / P사 면사 / W사 울사

디자이너가 봉제 기종을 이해하는 것은 매우 중요하다.
의복 구성에 꼭 필요한 요소이지만 동시에 이를 이용해서 디자인에 활용할 수도 있기 때문이다. 봉제를 이해하지 못하면 제대로 된 옷을 만들 수 없다. 현장에 답이 있는 것처럼 봉제에 아이디어가 있다. 다양한 봉제 기법을 디자인에 활용해 보자.
제품을 연구하고 살펴볼 때는 봉제 방법까지 꼼꼼하게 살피고 안쪽의 안 보이는 부분까지 뒤집어 보는 것이 중요하다.
란제리처럼 섬세한 작업은 보이지 않는 부분에 진짜 노하우가 많이 숨겨져 있다.

작업지시서

제품을 만들기 위해 봉제 방법과 순서, 사이즈를 명시한 일련의 작업 전달 문서이다. 공장 투입 전에 개발 단계에 사용하는 문서이다. 회사마다 브랜드마다 서식은 다르지만 넣어야 할 사항은 명확하다.

- 도식화
- 봉제 방법
- 완성 사이즈
- 소재

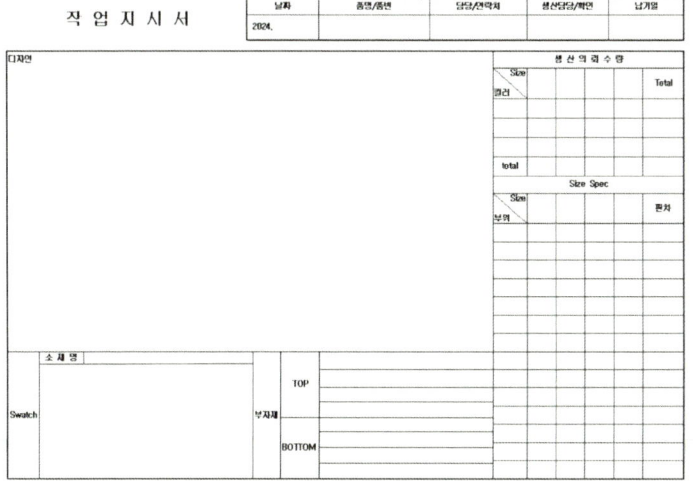

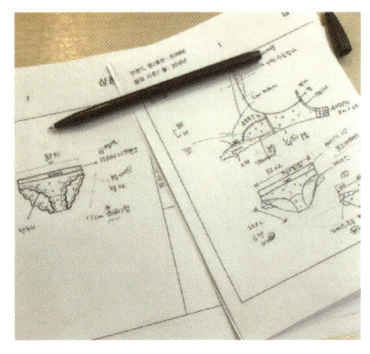

작업지시서는 미싱사와의 커뮤니케이션 도구이다. 생각했던 디자인을 형상으로 구현하는 패턴 메이킹 이후 실물로 만들어보는 과정에서 필요한 서류이다.

미싱사는 오랜 경력을 가진 장인이다. 특히나 란제리는 미끄럽고 작은 조각들을 이어 붙여 재봉하는데, 그들의 오랜 경력과 손맛은 정말 경이롭다. 그리고 디자이너와 합을 이뤄서 더 좋은 제품, 더 아름다운 제품을 만들어내려는 노력과 도전이 존경스럽다. 이런 미싱사를 만나면 일하는 즐거움을 배로 얻는다. 일은 함께 만들어나가는 것임을 기억하자.

공장 출고 준비

공장에서 제품을 생산하기 위해 디자이너가 준비할 사항은 다음과 같다.

- 원단 및 부자재 입고
- 봉제지도서
- 형지(사이즈별 시접이 들어간 패턴)
- 생산의뢰서

봉제지도서
봉제 순서를 적어 공장에 보낸다.
업무가 세분화되어 봉제지도서를 담당하는 부서가 따로 있는 회사도 있지만 디자이너가 봉제 순서와 흐름을 알고 있어야 생산자와 협의할 수 있고 불필요한 공정을 늘리지 않게 된다. 불필요한 공정은 모두 비용을 증가시킨다.
봉제 순서, 방법, 땀수, 실, 미싱 기종과 주의점 등의 정보를 기재한다.

봉제지도서

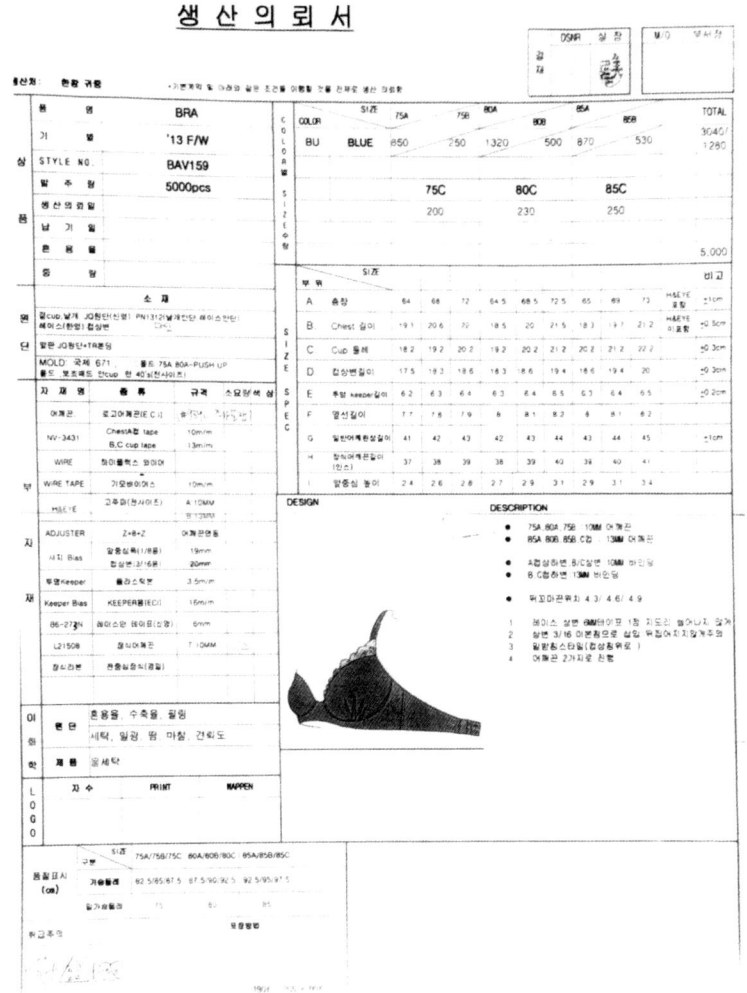

생산의뢰서

생산자와 공유하는 제품 정보가 적힌 서류.
커뮤니케이션의 툴로서 제품에 대한 모든 정보가 적혀있다.
사이즈 스펙이 가장 중요하다.

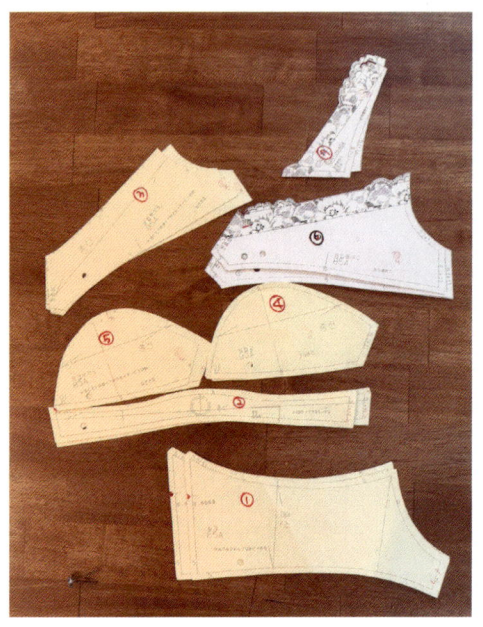

형지: 시접이 포함되어 있다. / 자재명, 사이즈, 식서 방향이 표시되어 있다.

형지

완성된 패턴에 시접을 넣은 형지를 함께 보낸다.
시접은 공장마다 조금씩 다른 게 운영되기도 하니 미리 현장에서 운영하는 시접을 확인해 보면 좋다.

디자이너의 업무는 디자인에서 출발한다.

새로운 제품을 디자인하기 위해 시장조사를 진행하고 트렌드를 분석하여 시장의 흐름에 맞고 소비자의 니즈를 알아차리는 제품을 제안한다. 너무 앞서도 사랑받기 어렵다.

지루하거나 식상하지 않게, 새롭고 낯설지만 싫지 않고 매력적인, something new!

새로운 디자인이 확정되면 공장에서 제품화 할 수 있도록 마스터 패턴을 뜨고 생산에 투입시킨다. 이후 공장에서 정확한 치수대로 만들어지고 있는지 체크해야 하고 만들어지는 과정을 모두 숙지해야 한다. 본격적으로 판매가 시작되면 소비자의 피드백을 파악하고 보완점이 있다면 체크하고 반영한다. 이런 과정의 연속이다.

커머셜하면서도 마음속 한켠의 감성을 터치해주는, 지나가던 발걸음을 멈추게 하는 디자인. 보고 있으면 장소가 생각나고, 사건이 기억나고, 누군가 떠오르고, 내 추억 속으로 순간이동 시켜주는 디자인. 이미지가 보이는 디자인.

나는 그런 디자인을 하고 싶다.

기능적이면서 감성적인 밸런스
창조와 비즈니스를 잘 이해하는 디자이너! 내가 추구하는 바다.

3. GIANNA

시작하는 마음

몸부림치는 마음, 가만히 참아지지 않는 그 무엇이 저기 깊은 곳에 분명히 있다. 시간이 지나면 용기를 내지 못하고 이대로 안주할 것 같은 두려움이 밀려왔고, 잠을 이룰 수 없는 두근거림이 생겨났다. 두려움과 설렘이 파도를 타기 시작했다.
더 이상 미뤄둘 수 없이 커지는 설렘.

설렘 〉 두려움

재미있고 잘할 수 있고, 란제리는 아름다운 아이템이라는 것에도 동의가 되는데, 회사의 브랜딩은 답답하고 동의가 되지 않았다. 입어본 적 없는 남자들의 결정에 좌우되는 분위기도 이해가 되질 않았다. 회사의 의사결정권자인 헤드는 남자인 경우가 대부분이다.
브랜드의 진보나 성장이 아닌 과거 지향적 데이터 기반의 결정, 책임 회피의 의사결정 구도가 점점 답답해지고 나의 열정을 부리고 싶지 않은 조직, '조직에서 어떤 역할을 감당해야 할까, 그것이 내게 매력적인가? 내가 만족할까'를 고민했고, 나는 어떤 사람인지 고민했다.
내 정체성은 디자인하는 사람이라고 결론을 내렸다.
브랜드 런칭을 준비하기 시작했다.

브랜드명은 무엇으로 할까?
나만 할 수 있는 이야기는 무엇일까?
어떤 정체성을 담을까?

언제나 마음속에 강박처럼 자리하고 있는 생각이었다.
내 브랜드 하고 싶은데.... 하고 싶다.... 어떻게 시작해야 할까.
구체적으로 그림을 그려보니 대체 란제리는 왜 이렇게 원부자재가 많이 필요하고 최소 생산 가능 수량은 크고, 운영 사이즈는 많은지....

경력이 부족할 땐 '아직 더 배워야 해'라는 마음이,
경력이 쌓이니 현실을 잘 알게 되어 '될까' 하는 겁과 의심이 내 발목을 잡았다.

디자이너 브랜드가 생겨나고, 디자이너 슈즈, 디자이너 가방도 한 달씩 기다리면서 구입하는데, 자기 정체성을 잘 표현해 준다면 여자들의 마음은 움직이잖아. 란제리도 가능해! 마음을 얻자.

런칭 후 축하 전화를 해온 입사 동기가
"신입 때부터 브랜드 하고 싶다더니 진짜 했구나. 축하해."라고 말했다.
내가 그랬구나. 신입 때부터 그런 말을 했었나 보다.

나의 브랜드 지아나

"GIANNA"는 내 이름을 빠르게 불러보다 만들게 되었다.
지연아, 지여나, 지아나!
이런 식!

ROMANTIC WEAR

로맨틱 웨어를 제안하는 디자이너 브랜드

1. Market : Merging lingerie with clothes 옷으로 란제리를 병합
2. Concept : 당신의 여성성을 드러내는 옷 , Reveal your femininity

KEY WORDS : ROMANTIC CHIC CONTEMPORARY

- 할머니가 되어도 로맨스를 꿈꾸는 여자
- 자기 자신을 아끼고 밝고 긍정적인 라이프스타일을 가꾸는
- 소녀 감성과 성숙한 관능미를 동시에 보여주는 옷
- 사랑하는 사람과 소중한 시간에 나를 특별하게 만들어 주는 옷
- 나의 기분을 대변해 주는 란제리

로맨틱한 순간에 입어야 하는,
"사랑에 빠진 감성을 담은 디자이너 브랜드"
ROMANTIC WEAR "GIANNA"

사업계획서

2015년 8월에 지아나 홈페이지를 오픈하고 벌써 시간이 이렇게 흘렀다. 런칭을 하는 후배들에게 한마디 조언을 건넨다면,
"사업계획서를 써라!"
현실적으로 자금을 구해야 할 때 필요한 설득의 도구가 사업계획서이다. 어떤 비즈니스를 하는지 누군가에게 설명을 하려면 감성적인 언어로는 불가능하다. '하고 싶은 거 알겠고, 잘한다 치고 그래서 어떤 시장에서 얼마 벌 수 있어? 어떤 비즈니스를 하고 싶은 거야?'
이런 물음에 대답할 내용을 정리해보자.

런칭을 하고 시간이 흘러 돌아보니 사업계획서에 작성한 대로 진행한 사항이 많다. 그대로 다 했다. 정말 신기하게도 적은 대로 이뤄졌다.

사업계획서에 꼭 적어야 할 사항은 다음과 같다.
런칭을 꿈꾸고 있다면 목차를 보면서 하나하나 공부해 보고 채워 나가길 바란다.

1. 회사 개요

2. 사업 및 비즈니스 개념
   2-1 사업 모델
   2-2 사업 목표

3. 사업 환경 분석
   3-1 내부 환경 분석
   3-2 외부 환경 분석

4. 판매 및 마케팅 계획
   4-1 SWOT 분석과 4P 전략
   4-2 판매 계획
   4-3 추진 일정

5. 추정재무제표
   5-1 추정재무상태표
   5-2 추정손익계산서

6. 비전

나는 회사를 17년 다닌 디자이너였다. 뭐든지 전화 한 통이면 협력 부서에서 준비된 전문가가 완벽하게 도와준다.

런칭을 하면 파운더는 뭐든지 알아야 하고 다뤄야 한다. 여러 업무가 다 어려웠지만 특히 사업계획서는 작성해 본 적이 없어서 고생을 많이 한 기억이 난다. 이렇게 책에 페이지를 할애할 필요가 있다고 느껴질 만큼.

누군가에는 고마운 한 페이지가 되길 바란다.

시즌마다 진행하는 비주얼 작업과 룩북

사업계획서를 작성해 보았다면 브랜드 소개서도 만들어보라. 한줄 한줄 적어 내려가는 것이 쉽지 않다. 뻔해 보이고 식상하다고 생각한 단어라도 진짜 마음이 아니면 적을 수 없어서 고민하고 고민한다. 그렇게 고민하고 방황하는 만큼 브랜드도 성장한다고 생각한다.

지아나 홈페이지에 작성한 소개글

ABOUT ME

2000년부터 시작한 란제리 디자이너 여정에서 2015년 디자이너 란제리 "지아나"를 런칭합니다.

마음 한구석 강박처럼 자리 잡은 디자이너 란제리 브랜드에 대한 열정과 잠재울 수 없는 란제리 사랑으로 시작합니다.

17년간 국내 파워 브랜드에서 일한 경험은 결코 헛되지 않으며, 여자의 마음을 잘 읽어주고 알아주는 감성 디자인은 물론 내 몸을 잘 이해해주는 만족할 수 있는 핏감을 드릴 것입니다.

하루의 시작과 끝을 함께하는 소중한 란제리! 소녀부터 할머니가 될 때까지 언제나 로맨스를 꿈꾸는 모든 여성들과 함께하고 싶습니다.

FEMININE / CHIC / CONTEMPORARY
섬세하고 여성스러운 무드를 시크하게 표현합니다.

상표등록

브랜드명이 확정됐다면 반드시 상표등록을 먼저 알아보라고 권하고 싶다. '지아나'라는 이름을 얻기 위해서 200만 원 이상의 비용을 쓴 경험을 바탕으로 하는 말이다.
특허정보검색서비스 KIPRIS에 접속해서 상표등록을 할 수 있는지, 지적재산권인 상표를 보호받을 수 있는지 사전조사를 해야 한다.
라벨이며 홈페이지 주소까지 모두 정리했는데. 법적 보호를 받지 못할 수도 있으니 상표등록이 가능한지 먼저 잘 살펴보자.

'지아나'라는 이름을 꼭 사용하고 싶어 변리사 상담을 통해 운영하려는 상품류에서 사용 가능하겠다는 상담을 받고 출원을 진행하였다. 전문가의 도움을 빌려서 출원을 진행하였지만 결론은 유사 범위로 사용이 불가하다는 판정을 받았다. 비슷한 이름이 검색되어 출원이 거부되었다. 출원을 진행할 당시에는 가능하다는 전문가의 판단이 있었다. 유사 범위 브랜드의 재등록기간 중의 시간차로 인한 오류였던 것이다. 이미 '지아나'라는 네임으로 많은 부분이 진행되고 있어 난감했는데 다른 변리사로부터 소송을 해 볼 수 있다는 의견을 들었다. 유사 범위 브랜드는 이태리 브랜드였는데 현재 우리나라에 판매, 유통하고 있지 않고 제품이 우리나라 포털에서 검색되지 않았기 때문이었다. 소송을 진행했고, 다행히 상대측에서 대응하지 않아 여성복과 수영복 란제리 아이템에 등록할 수 있었다.

브랜드명을 결정하는 단계에서 반드시 KIPRIS 검색 서비스를 통해 틈틈이 검색해 등록 가능한지 알아보고 진행하길 권한다.

브랜딩과 마케팅

브랜딩을 단순히 로고 작업 하는 것이라고 생각하는 사람은 없겠지만 이 책을 선택해서 읽는 미래의 사장님들께 이해하기 쉬운 한마디를 건넨다면, 브랜딩은 '정체성'이고 마케팅은 그 '정체성을 보여주는 모든 활동'이라고 말하고 싶다. 브랜딩이 본질적인 '핵심 가치'라면, 이 가치를 나의 고객들에게 전달하고 '커뮤니케이션 할 수 있는 모든 방법'이 마케팅이라고 생각한다. 브랜딩과 마케팅의 두 톱니바퀴가 잘 굴러가도록 해야 한다.

어떤 아이템으로 '나다운', '하고 싶은 이야기'를 건넬 수 있다면 브랜드 런칭이 가능하다. 런칭했다면 이것을 지속적으로 성장시키고 키워 나가야 한다. 브랜딩은 한 번 하면 끝나는 것이 아니고 생명체처럼 동시대를 살면서 함께 생동감 있게 움직여 나가야 한다.

나의 브랜드를 누군가에게 잘 닿게 만들어주고 더 많은 사람에게 전달되게 만들어주는 수단이 마케팅이다. 누군가 이야기하기를 이커머스로 브랜드를 한다는 것은 강원도 아무도 모르는 산속에 혼자 호떡집을 차려놓는 것과 같다고 했다. 그러니 사람들에게 알리고 전단지를 뿌리는 것은 비용의 낭비가 아니라 당연히 해야 하는 것이라고. 마케팅을 호구 잡히는 일이라고 생각해서 무시한 적도 있었는데 이 이야기를 듣고 보니 격하게 동의가 되어 마음을 고쳐먹고 공부하기 시작했다.

단순히 비용을 태우는 것으로 마케팅에서 승부를 보려고 생각한다면 생각보다 훨씬 더 많은 비용을 태우게 될지도 모르겠다. 스몰 브랜드라면 더 전략적으로 공부하고 많이 연구해야 한다.

하고 싶은 것이 뚜렷해야 하고, 나의 고객이 누구인지를 뾰족하게 파고 들어가야 한다. 현장에서 어려움이 느껴지는 부분은 너무 많다. 디자이너 출신으로서는 운영하는 모든 과정이 어렵게 느껴진다. 디자인이 제일 쉽다. 디자인하는 것이 좋아서 시작한 일이지만 일 년 중 디자인에 집중하는 시간이 제일 적다. 그래서 이 시기는 내게 아주 소중한 동시에 기분 좋은 스트레스가 마구 느껴지는 시기인데... 너무 간질간질하다.

브랜딩과 마케팅이 잘 이뤄져도 결국 제품에서 완성도가 떨어지면 재구매가 이뤄지지 않아 단골이 생길지 않으므로 역시 본질은 제품력인 것도 잊지 말자. 내가 생각하는 제품의 핵심 가치는 무엇인지, 나의 강점은 무엇인지 잊지 말 것!
디자인하면서 늘 되뇌는 말.
"나다운!"

영업은 사장님이 하는 것!

브랜드 런칭을 하고 오픈하면 판로를 넓혀야 한다. 영업을 해야 한다. 사업계획서에 적어본 대로 위탁 판매를 계획하고, 입점하고 싶은 이커머스 유통사를 찾아보았다.
이 말이 왜 내 머릿속에 남아있는지 모르겠지만 과거 회사 다닐 때 오너가 그랬다. 영업은 사장이 하는 거라고.

에너지가 많은 편이지만 자신감도 하락하고 우울해지는 날이 있다. 이럴 땐 하던 일을 덮고 영화를 보든지 책을 읽든지 하며 분위기를 전환해 본다. 이날도 그런 기분이 들어서 혼자 영화관에 갔다.
제니퍼 로렌스 주연의 〈조이〉, 미국 홈쇼핑 역사상 최고의 히트 상품을 발명한 여성 사업가 조이 망가노의 기적 같은 실화를 바탕으로 한 영화였다. 이 영화를 보고 벌떡 일어나서 당장 영업을 시작한 일이 생각난다. 사업에 필요한 가장 중요한 자질은 역시 실행력이다.

온라인으로 입점하고 싶은 플랫폼은 W컨셉과 29CM였다. 이때만 해도 29CM은 입점 문의를 할 수 있는 창구가 오픈되지 않았다. 엠디가 필요할 때 연락해 오는 구조로, 큐레이션에 자신감을 가지고 꼭 필요한 제품을 제안한다는 기획력 있는 플랫폼이다. 그래서 더 입점하고 싶었으나 방법이 없어 머뭇거렸는데, 영화 〈조이〉를 보고 나서 자극을 받아 나를 일으켰다.

' 영업은 사장님이 하는 거랬지! ' 주소를 보니 지아나 사무실과 가까운 거리. 심지어 걸어서 15분 거리에 위치해 있었다. 지아나 포장 박스에 란제리를 정성껏 챙겨서 브랜드 소개서를 들고 찾아 나섰다. 회사의 문은 꽉 닫혀있었고, 약속 없이 찾아온 방문객이 반가울 리 없을 터라 문 앞에서 쭈뼛거리고 있을 때 29CM 명함 목걸이를 한 직원이 어떻게 오셨냐고 물었다. 언더웨어 담당 엠디를 만나고 싶다고 말했다. 이후 엠디가 나와서 굉장히 의아해 하면서 나를 회의실로 안내했다. 엠디는 자신이 외근이 많은 편인데 오늘 마침 사무실에 있어서 다행이라며 친절하게 응대해 주었다. 미팅이 시작되었고, 직접 찾아온 용기가 무색하지 않게 대화가 잘 이루어져 입점하고 스페셜 오더를 진행하게 되었다. 29CM에 입점 후 다른 이커머스 플랫폼 입점도 자연스럽게 이뤄졌다.
영업은 face to face! 사람 대 사람으로 하는 것!

자사몰을 키우는 것이 제일 좋은 방법이지만 위탁 판매를 힐 경우에는 무리해서 다수의 플랫폼에 입점하기보다는 나의 브랜드와 결이 잘 맞는 플랫폼을 찾는 것을 권한다. 비슷한 브랜드와의 시너지가 날 수 있다. 담당 엠디가 애정을 가질 수 있는 브랜드가 되면 노출에 유리하다. 담당 엠디와 원활하게 커뮤니케이션하는 것이 중요하다. 과거에는 이런 분위기가 더 강했는데 요즘은 대형화되고 대기업 인수가 많아지다 보니 디자이너 브랜드에 대한 책임감과 자부심보다는 매출의 볼륨이 무엇보다 중요해진 분위기가 되었다.
과도한 세일과 인플루언서와의 협업이나 이슈를 만들어내야 한다는 압박감도 있다.
브랜드를 운영하면서 더더욱 또렷해지는 것은 브랜드만의 정확한 아이덴티티, 명확하고 독보적인 무드, 컨셉이 중요하다는 것이다. 어디서든 '나다운 빛'을 발산해야 한다.

현대백화점 바이어를 직접 찾아간 적도 있다. 회사에 소속되어 일하던 시절에는 영업팀이 따로 있었기 때문에 디자이너가 직접 바이어를 응대하지 않았다. 바이어 전화번호 검색부터 시작해서 물어 물어 찾아 찾아 알게 된 바이어와의 미팅. 그날 미팅 방명록에 과거 다니던 회사 상무님, 영엄팀장 이름이 적혀 있는 걸 보았는데 기분이 새로웠다.

바이어는 자신이 10년 넘게 바이어로 일하고 있는데 디자이너가 직접 찾아와서 미팅한 적은 처음이라며 꽁장히 친절하게 맞아 주었다. 새로 생긴 작은 브랜드 사장을 무시하면 어쩌나 하고 작아졌던 마음이 좀 펴지기도 했다. 이날의 미팅으로 당장 어떤 성과를 낸 것은 아니었는데, 바이어의 여러 조언이 기억에 남는다. 이후 백화점 팝업스토어를 여러 번 진행했는데, 담당 바이어는 바뀌었지만 모두 현대백화점과 진행했다.

낯설었던 업무들이 하나씩 자연스러운 나의 일이 되어가고 있었다. 나는 지아나 사장이니까. 디자이너로서는 소극적일 수 있었던 일도 모두 나의 업무 중 하나로 받아들이고 해내고 있다.

누군가 사업하면서 제일 어려운 일이 무엇이냐고 물었던 적이 있는데, 제일 어려운 것은 '나 스스로를 일으키는 것'이었다. 무기력, 소극적, 귀찮음 같은 단어를 격파하고 먼저 나의 무릎을 일으키는 것! 이것이 제일 어렵고 제일 중요하다.

수영복으로 확장

란제리 디자이너로서 여성의 바디를 잘 이해하고 있으니 여성의 라인이 예뻐 보일 수 있는 수영복, 가려주고 싶은 부분, 노출시키면 예쁘게 돋보일 부분을 강조하면서 만들어보자는 생각을 했다.
란제리의 섬세한 디테일을 접목시켜 수영복에 적용해도 좋겠다 싶었다. 이렇게 탄생한 것이 지아나 수영복이다.

몸과 마음이 릴랙스되는 휴양지 선베드에 누워 책도 읽고 태양을 즐길 때 입을 수 있는 사랑스러움이 가득한 풀사이드 룩.
지금은 디자인이 다양한 패션 수영복이 많고 카테고리가 확장되어 경쟁도 심해졌지만 처음 이 시장을 개척할 때는 '예쁜 수영복'이 전무했다.
매출의 상당 부분을 차지하게 된 지아나 수영복이 만들어졌다.

카피가 많아 마음고생이 심한 러블리 스윔이다. 디자인하면서 공을 들였던 기억이 생생한데 정말 많은 카피품이 있고, 심지어 자체제작이라며 자기가 디자인한 것처럼 판매하는 인플루언서들도 보았다. 이럴 땐 정말 속이 상하는데, 당해보지 않은 사람은 이해하기 힘들다.
상표출원 하는 것처럼 디자인 등록을 모두 해야 할까 고민이 생기는 부분이다. 더 예쁜 제품 디자인하자며 속상함을 달랜다.

지스튜디오 운영하기

지스튜디오는 란제리 패턴 메이킹을 배울 수 있는 스튜디오이다. 란제리 원데이 클래스로 시작했는데 정규클래스를 만들어달라는 요청이 있어 13주 과정을 진행하게 되었다.
회사에서 신입 디자이너를 교육하던 내용을 정리해서 커리큘럼을 만들었다. 익숙한 일이었지만 이것을 커리큘럼을 만들어보는 것도 새로웠고 나의 커리어에도 도움이 되었다. 비전공자들이 패턴 메이킹을 처음 접하더라도 이해할 수 있도록 쉽게 다듬는 과정이 필요했다.

13주 과정의 베이직 과정과 브랜드 런칭을 목표로 하는 플러스반으로 운영된다.
베이직 과정에서는 아이템에 대한 이해, 기본선을 이해하고 패턴 메이킹 하고 그레이딩 하는 것을 목표로,
플러스 과정에서는 나만의 브랜드 런칭을 목표로 '나만의' 정체성이 잘 담긴 이미지를 찾고 정리하는 것이 중요 과제이다.

수강 과정 중 작업 결과물

요즘 사람들의 트렌드를 반영하듯이 취미를 넘어 더 높은 수준으로 레벨업이 이뤄지고 확장되어 새로운 직업을 모색해 보는 사람들이 많다. 여가와 취미가 좀 더 높은 수준까지 이르러 더 나은 미래를 꿈꾸고 더 활기 있는 라이프스타일을 원하는 사람들이 찾아온다.

수영을 좋아하는 사람들은 실내 수영복, 발레에 진심인 사람들은 레오타드, 폴댄스를 너무나 사랑하는 사람들은 폴웨어를 공부하기 위해 지스튜디오를 찾는다. 대부분 자신의 브랜드 런칭을 목표로 함께 공부하고 있다. N잡 시대를 반영하듯이 다양한 직업을 가진 사람들이 또 다른 직업을 모색하며 지스튜디오를 찾아온다. 수강생은 비전공자가 대부분인데, 이렇게 배워서 브랜드를 런칭한 대단한 분들도 있다. 일상 중 여가가 중요해지고, 여가가 더 수준 높은 퍼포먼스까지 목표하게 되며, 여기에 자기계발이라는 키워드까지 더해져 지스튜디오에서 만나게 되는 것이다.

내 주변에는 란제리 디자이너가 대부분이었는데, 지스튜디오를 운영하면서부터 다양한 직업과 다양한 연령대, 각각 다른 삶의 스토리를 가진 사람을 만나게 된다. 이런 만남이 새로운 자극과 에너지가 된다. 자신의 삶에 대해서 깊이 있게 고민하고 자기계발을 통해 성장하려는 사람들을 만나는 즐거움이 있는데, 내가 가르쳐 줄 수 있는 것은 패턴 메이킹에 대한 기술이지만 나는 그들의 삶으로부터 그 진지한 열망을 배우게 된다. 다른 환경에서 살아온 20대, 30대, 40대, 50대의 삶을 살펴보는 특권이 생겼다. 수강생들 각자 자기가 살아낸 만큼의 시간 속에서 얻은 삶의 정수를 나누는 시간이 되기도 한다. 각자의 꿈을 위해 자신의 방식으로 찍어온 점들이 언젠가 하나로 연결될 것을 준비하며 내공을 쌓고 있는 사람들이다. 서로의 인사이트를 공유하고 서로를 응원하기도 하면서 결국 결이 비슷한 사람을 만나는 즐거움을 느끼기도 한다. 또 반대로 내가 한 번도 만나보지 않았던 낯설음에서 느껴지는 새로움에서 반짝이는 아이디어가 생겨나기도 한다.

사람들은 다양한 이유로 스튜디오를 찾아 필요한 공부를 한다.

수강생 중 유방암으로 가슴을 절제한 분도 계셨는데, 이분의 이야기가 마음속에 울림으로 남아있다.
"원래 시크하고 모던한 스타일을 선호했고 중성적인 모던함을 좋아했어요. 그런데 막상 암 투병으로 가슴 한쪽을 절제하고 하고 나니 여성성이 그립더라고요. 이 좋은 것을 왜 그동안 모르고 부정하며 지냈을까 싶어서 사라진 여성성을 조금 더 키워보려고 여기 왔습니다."

"아버지가 수영장 공장을 운영 중이셔서 이어받아 공장을 운영하게 될 거 같은데 그뿐 아니라 나의 브랜드를 운영해보고 싶은 생각에 이곳에서 공부해 보려고요."

"영국 세인트 마틴 스쿨 입학 허가 받고 출국 전에 란제리 패턴을 배우고 가보려고요. "
이 수강생은 시간이 지나 스승의날 카톡도 보내줬다. 졸업 작품 준비 중인데 지스튜디오에서 배운 패턴 파일 들고 다니면서 잘 사용하고 있다면서 배워두길 잘했다고 한다.

"교통사고로 재활을 해야 해서 수영을 할 수밖에 없었는데, 하다 보니 수영이 너무 좋아졌고, 아마추어 수영 대회에도 나가게 될 정도로 수영에 몰입하게 되었어요. 이제는 수영에 이바지하는 사람이 되고 싶다는 생각에 실내 수영복 브랜드까지 런칭하게 되었는데, 운영하면서 막히는 부분이 생기다 보니 더 알아야 할 것 같아 왔어요."

수영복 브랜드를 운영 중인데 비전공자였다. 실행력 있는 행동파 사장님이었는데 브랜드를 운영할수록 거래처와의 커뮤니케이션에서 답답함이 생겨서 찾게 되었다고. 막상 배워보니 업체 사장님들을 더 잘 이해할 수 있게 되었다고 한다. 수업 과정이 브랜드 리뉴얼 할 때 도움이 되었고 유통사 입점할 때 '플러스반'에서 준비했던 여러 자료들이 실제로 큰 도움이 되었다고 했다.

갱년기를 보내면서 의욕도 저하되고 자신의 여성성이 아쉬워져 갈 때쯤 이 과정을 통해 기분도 전환되고 새로운 꿈이 생긴 분도 계신다.

딸아이가 성인이 되어 선물로 함께 등록해서 다니신 분도 계신다. 엄마가 딸에게 알려주고 싶은 부분이 있으셨다고 했다.

여성 파일럿 분도 오셨는데, 평소 제복을 입고 한 치의 실수도 용납되지 않는 꼼꼼함이 요구되는 직업이다 보니 손으로 뭔가 만드는 작업이 필요했고, 자기 내면의 여성성을 표출시키는 시간이라고 하셨다.

금융업에 종사하고 있는데 여가로 동남아 등 여행을 다니는 걸 좋아하다 보니 자연스럽게 수영복에 관심이 생긴 분,
서퍼여서 누구보다 수영복에 관심이 많고 서핑할 때 벗겨지지 않고 기능적으로 부족함이 없으면서 바다의 특성마다 어울리는 수영복이 있다는 생각에 서퍼를 위한 수영복 브랜드 런칭을 목표로 찾아오신 분도 있다.

한 분은 폴댄스를 하다 보니 자연스럽게 폴웨어에 관심이 생겼는데 자신이 생각하는 브랜드다운 폴웨어가 없다고 하셨다. 그래서 직접 해보겠노라며 고급스러운 폴웨어와 라이프스타일 브랜드 런칭을 앞두고 있다.

한 플러스 모델은 플러스 사이즈의 수영복이 아쉽다며 직접 만들어보겠다고 한다.

사연은 다양하다. 참여하는 각자에게 삶의 전환점이 되기도 하고 가슴속 뭔가를 확인하는 과정이 되기도 한다. 수업을 진행하면 할수록 더더욱 책임감도 느껴지고 진지해진다. 만남을 통해 더 나아지고 성숙해지고 성장하는 모임이 되길 희망한다.

스몰 브랜드를 꿈꾸는 그대에게

얼마 전 25SS 새로운 디자인을 마무리하고 북북 촬영을 마쳤다. 나는 아름답고 사랑스러운 이미지를 구현하고 작업하는 이 일을 참으로 좋아한다. 잘하고!

지스튜디오 수강생 대부분은 마음속에 자기 브랜드 런칭에 대한 꿈을 가지고 있다.
열정 있고 꿈이 있지만 두려움이 많은 수강생들을 보며 많은 생각이 든다. 패턴 메이킹 베이직 반에서는 배우느라 한주 한주 정신없이 따라오는데, 브랜드 런칭을 위한 코스로 진입하면 매주 올 때마다 롤러코스터 타는 듯한 표정인 것을 발견한다.
쉽지 않지. 좋아하고 하고 싶은 마음이 임계점을 넘어야만 저 길을 뚫을 것인데.

나만의 것을 찾길. 두리번거리지 말고 자기 자신에 집중해서 더 깊어져야 한다. 속도와 크기의 경쟁보다 질과 깊이에 집중해서 천천히 자신다운 아름다운 것을 만들어 나가면 좋겠다. 나 역시 '깊이 있는 브랜드'가 되는 것을 마음에 새기고 있다.

자신의 정체성을 그대로 반영하고 보여줄 수 있는 브랜드.

마음을 담은 디자인을 하고 이미지를 그려내는 브랜드로 성장하면 좋겠다. 브랜드는 계속 진보한다. 마치 생명력이 있는 유기체처럼 동시대인과 호흡하며 성장해야 한다. 브랜드 정체성을 기반으로 트렌드의 흐름을 타길, 또는 이끌 수 있길 바란다. 깊이 좋아하고 사랑하는 일이어야 가능하다.

진짜 '나'를 보여주는 것이 중요하다. 좋아 보이는 것을 따라 하거나, 디테일을 따라 하는 것은 길게 가지 못한다.

나를 잘 알리는 것도 중요하다.

유리한 플랫폼은 늘 존재한다. 이것이 무엇인지 공부하고 내 브랜드를 알리는 것은 '중요하다.' 이렇게 중요하다고 한 문장으로 끝내기 불안할 만큼 '중요하다.' 플랫폼을 이용하고 나의 고객들과 소통할 수 있는 장을 찾아나서야 한다. 이러한 트렌드에 올라타는 것이 나답지 않거나 불필요하다고 생각한다면 단단한 착각이다. 'SNS 정말 싫어' 하는 마음이 정말 싫은 게 아니라 잘하지 못해서 불안한 것은 아닌지 스스로에게 물어라.

나다움을 잃지 않는 활발한 활동이 중요하다.

런칭을 하고 나면 생존이다. 회사 생활과는 또 다른 사장님 스트레스가 있다. 회사 생활이 더 쉽다는 말을 하고 싶은 것은 아니다. 회사도 충분히 괴롭다. 회사도 힘들고 개인 브랜드도 힘든데 선택하라면 난 망설임 없이 후자의 괴로움을 선택하련다.

존재감 있는 브랜드가 되고 싶다.
좋은 일이 있을 때 좋은 옷을 갖추어 입듯
로맨틱한 무드,
내 마음이 사랑으로 차오를 때 입고 싶은 브랜드.

란제리는 그 시대 여자들의 거울이다.
일상에서 지나칠 수 있는 부분들을 잡아내어 의미를 부여하고
고유의 섬세한 감각으로 필터링 해 주는 것.
크리에이티브하고 생동력 있는 모먼트를 담아내는 브랜드.
아름다운 여인들의 삶을 열정으로 이끌어 주는 지아나.

에필로그

서점에서 책을 우연히 펼쳤을 때 단숨에 읽어 내려가게 되는 책을 만나면 가슴이 벅차오르고 기분이 좋아진다. 그런 책이 되면 얼마나 기쁠까.
적어도 란제리를 좋아하는 란제리 러버, 수영복 브랜드를 갖고 싶거나 자신의 스몰 브랜드 런칭을 꿈꾸는 사람들에게라면 나는 할 말이 있다. 해주고 싶은 말도 많고 해도 되는 말이 있다고 생각해서 용기를 내었다.

물론 그 과정은 내가 생각하는 것보다 몇 배로 더 힘들었고 업무와 병행하는 것은 더 힘들었다.
책 쓰기에 도전하는 순간부터 스트레스로부터 벗어난 적이 없다. 하지만 삶의 많은 문제들을 이렇게 건전한 스트레스로 치환해 보는 경험을 했다. 역시 미묘한 압박감과 엄청난 스트레스를 나는 분명히 사랑한다.

란제리와 내 일에 대해서 할 수 있는 이야기들을 풀어냈을 때 누군가 공감하고 재밌게 읽어줬으면 좋겠다는 생각으로 글을 썼다.

26년째 란제리 디자이너로 살고 있다.
궁극적으로 내가 하고 싶은 이야기는 사실 '사랑'이다.

란제리는 지극히 개인적이고 은밀한 옷이다.
다른 누구와 공유하는 옷이 아니다.
속옷을 신경 써서 고르는 사람이라면 우선 자신을 사랑하는 이일 것이다. 속옷은 나다움이 그대로 담긴, 취향이 가득 묻어나는 옷이다. 밖으로 드러나지 않기 때문에 무심히 고르고 선택하는 옷.
어떤 속옷을 입고 있는가? 평소 어떤 속옷을 고르는가?
입고 있는 그 옷이 바로 당신이다.

내가 사랑하는 사람을 의식한다.
사랑하는 사람과만 공유할 수 있는 옷이다.
단 한 사람, 사랑하는 사람과의 사이에서만 더욱 빛을 발한다.
추억이 되고 사랑이 되는 옷이다. 란제리의 이런 매력이 좋다.

누군가 내가 디자인한 란제리와 수영복을 보면서 '어쩜 이렇게 소녀스럽고 순수할 수 있는지, 디자이너와 닮았다'며 칭찬해 주었다.
내 마음속 생각은 '결핍이 주는 풍성함'!

속옷에는 감성과 이성이 모두 필요하다. 기능적으로 필요하고 편안한 속옷이 얼마나 중요한지 누구보다 잘 알고 있다.
부드럽고 하늘하늘 한 줌에 쥐어지는 란제리가 주는 매력과 여성스러움을 즐겨보길 추천한다.
내 안의 여성스러움을 아끼지 말고 마음껏 펼쳐낼 수 있는 옷!
나를 배려하고 사랑한다면 좋은 소재로 되어 내 몸을 부드럽게 감싸 주는 매끈한 란제리를 신경 써서 입는 것은 바람직하다고 생각한다.
옷장 서랍 안에 내 맘에 쏙드는 그럴듯한 란제리 세트를 넣어두는 것은 분명 멋진 일이다.
이 책을 읽고 그런 선택에 동기부여가 되면 좋겠다.

브랜드를 운영하는 것은 쉽지 않다. 남들과 비교하기 시작하면 만족도 없는 작업이다. 매출과 숫자의 성장이 중요하지만 그것만을 목표와 성공의 기준으로 삼는다면 채워지지 않는 허무함만 남을 것 같다.
결국 삶에 대한 태도와 가치 있는 나의 일을 나 스스로 지지할 수 있는가가 중요한 것 같다.

하루하루가 꽉 채워지는 기분으로 조금 더 성장하는 삶, 더불어 이런 모습으로 남들에게 좋은 영향력을 끼치고 주변에 긍정의 기운을 불어 넣을 수 있다면 그것이 좋은 브랜드이고 성공한 삶이라고 생각한다.

아직 더 이뤄보고 싶은 것들이 많다. 책을 쓴 것도 오래전부터 꿈꿔오던 것 중 하나이다. 차근차근 하나씩 풀어나가 보고 싶다. 하고 싶은게 많은 것은 좋은 일 같다. 계속 움직일 수 있는 동기부여가 된다.

햇살이 들어오는 작은 나의 아뜰리에
내 마음을 채워주는 나만의 작은 공간에 들어설 때
늘 감사한다.
한편 이곳에서 고민과 두려움과 외로움에 얼마나 울었는지 모른다.

'인간은 노력하는 한 방황한다'는 괴테의 말을 응원 삼아본다.

부족한 디자이너의 성장을 지지해주고 응원해주는 모든 분들께 감사의 말을 전하고 싶다.
그리고 알맹이 꽉 찬 나만의 브랜드를 꿈꾸는 분께도 나의 응원을 보태고 싶다.

감추어진 비밀 란제리 디자이너 라이프

전지연 지음

펴낸곳 전환
펴낸이 임효경
등록번호 제2022-000103호
전자우편 rjqnrdl7519@naver.com

편집 디자인 임효경
사진 브랜드 지아나, 공상웅, 문지혜

ISBN 979-11-980191-6-5

이 책은 저작권법에 따라 보호받는 저작물이므로 무단 전재와 복제를 금합니다.

브랜드 지아나
전자우편 bighug77@naver.com
계정 @llovely_gianna @gstudio_gianna @lovely_gianna_official